9 DRAMATURGOS HISPANOAMERICANOS

Antología del teatro hispanoamericano del siglo XX

Colección Telón

Dirigida por Miguel Angel Giella y Peter Roster

Antologías, 3

9 DRAMATURGOS HISPANOAMERICANOS

ANTOLOGÍA DEL TEATRO HISPANOAMERICANO DEL SIGLO XX

TOMO III

RENÉ MARQUÉS

LOS SOLES TRUNCOS

JORGE DÍAZ

EL CEPILLO DE DIENTES

EMILIO CARBALLIDO

YO TAMBIÉN HABLO DE LA ROSA

Introducciones y bibliografías a cargo de:

FRANK DAUSTER   *Rutgers—The State University*
LEON LYDAY   *The Pennsylvania State University*
GEORGE WOODYARD   *The University of Kansas*

Colección Telón
Antologías, 3

GIROL Books, Inc.
Ottawa, Canada

Primera edición, 1979
Segunda edición, revisada y actualizada, 1998

© GIROL Books, Inc.
P.O. Box 5473, Station F
Ottawa, Ontario, Canada
K2C 3M1
Tel/Fax (613) 233-9044
Email: info@girol.com
Home Page: http://www.girol.com

Diseño y fotocomposición por LAR Typography, Ltd.
Design & typesetting by LAR Typography, Ltd.

Impreso y hecho en Canadá
Printed & bound in Canada

ISBN 0-919659-39-X

René Marqués
(Puerto Rico, 1919-1979)

Nació René Marqués en 1919, de familia española. Estudió agronomía, pero cursó literatura en Madrid y después de 1940 se dedicó a la creación literaria y a trabajar en oficinas gubernamentales. También participó extensamente en el importante movimiento para estimular el teatro durante los años cuarenta. Recibió múltiples premios en teatro, novela y cuento, y es autor de importantes y polémicos ensayos sobre el carácter y la situación del puertorriqueño, pero el teatro era su fuerte. En toda su producción se destacan varias constantes: el fluir irremediable del tiempo, una profunda conciencia de culpa individual y cultural, y la situación política de Puerto Rico. Esta última pasión se revela en su larga labor a favor de la independencia de su isla. Simultáneamente, fue infatigable experimentalista con formas teatrales; su obra abarca desde el naturalismo más escueto hasta el absurdo, el convencionalismo abstracto y formas trágicas modeladas en las obras clásicas. A la vez Marqués estaba abierto a las posibilidades del teatro para incorporar el uso de elementos cinematográficos, de luces, sonido, etc. En los últimos años, vivía alejado del teatro, pero había construido una obra de valor. Como director y autor, fue con Francisco Arriví figura decisiva en la creación de un teatro puertorriqueño caracterizado por lo que se podría llamar realismo poético en el estilo y por la búsqueda de una conciencia de la identidad puertorriqueña en el contenido.

Si la primera obra de Marqués, *El hombre y sus sueños*, es simbólico-filosófica y la segunda, *El sol y los MacDonald*, un retrato, con ecos de Faulkner y O'Neill, de la decadencia de la vieja aristocracia sureña norteamericana, pronto emprendió la temática política que caracteriza la mayor parte de su obra con *Palm Sunday* (1949), retrato realista de la masacre de nacionalistas en 1937. La primera obra importante de Marqués es *La carreta* (1953), odisea de una familia rural que inútilmente busca fortuna en el arrabal de San Juan y el barrio neoyorquino, olvidando que su verdadera felicidad es la tierra en la cual están sus raíces. Por la forma en que capta legítimas aspiraciones del pueblo ha sido un gran éxito en varios países. *Juan Bobo y la Dama de Occidente* (1956), libreto de ballet sin diálogo, emplea elementos folclóricos para atacar una pedagogía oficial que desterraba lo puertorriqueño de las aulas.

En *Los soles truncos* (1958) y *Un niño azul para esa sombra* (1960) retrata Marqués el choque psíquico del puertorriqueño atrapado entre dos culturas. El niño Michelín de *Un niño azul*, traicionado y sin quien lo redima, es una de las más logradas versiones de la típica figura sacrificada-ritual del autor. La sólida estructura dramática, el imaginativo empleo de recursos teatrales y las sutiles dimensiones simbólicas la hacen una obra maestra. En *La muerte no entrará en palacio*, escrita en 1957, emprendió Marqués la sátira política bajo túnica de tragedia a lo clásico, aunque conserva muchas de las técnicas ya vistas. Como sucede en diversas obras de Marqués, las figuras centrales de esta pieza fácilmente se identifican como personas importantes de la política puertorriqueña, y son, además, el objeto de una punzante crítica. Todo esto hace que se convierta en un intrigante retrato de la tragedia política de Puerto Rico.

La casa sin reloj (1961) es la primera comedia del autor, aunque su comicidad nada tiene de ligera ni frívola, y señala algunos cambios importantes en su obra. Aparentemente realista, emplea recursos del absurdo para presentar a sus personajes que se debaten angustiados dentro de un engarce irónico. Donde antes el tiempo fue para Marqués un elemento negativo que acarreaba la destrucción de un sistema social, aquí parece querer mostrar que tenemos que vivir dentro del mundo que nos ha tocado, por absurdo que sea y por mucho que quisiéramos escaparnos. Sigue la misma línea dentro de una abstracción cada vez mayor en *Carnaval adentro, carnaval afuera* (1964) y en la comedia absurdista *El apartamiento* (1964). *Mariana o el alba* (1965) se basa en la rebelión de Lares de 1868; sorprende por el tono romántico y la reminiscencia lorquiana. En 1970 se estrenó *Sacrificio en el Monte Moriah*, versión de la historia bíblica de Abraham, Isaac y Sarah, con obvios paralelos políticos actuales. Señala el regreso al tono más controlado de las mejores obras del autor sin perder la brillantez de experimentación. Del mismo año es la publicación de dos obras breves de parecido estilo, *David y Jonatán y Tito y Berenice*, que examinan el conflicto entre el amor y el poder.

Con *Los soles truncos* alcanzó Marqués la plena fusión de técnica con tema: el choque de culturas. Basada en su cuento «Purificación en la Calle de Cristo», presenta a tres hermanas envejecidas y venidas a menos. Acaba de morir la más joven, y las otras tienen que arreglar el entierro y abandonar la casa, perdida por hipotecas, para que se construya un hotel para turistas. Para impedir la entrada del detestado mundo de afuera en una existencia dentro de la cual vienen negando obstinadamente el transcurso del tiempo, se adornan con las pocas joyas que les quedan y prenden fuego a la casa. El papel del tiempo es aquí tan importante y tan ambiguo que la obra casi puede ser considerada una alegoría del tiempo. Existe en tres niveles: el tiempo dentro de la casa, deliberada tentativa de mantener las costumbres del pasado; el tiempo de afuera, del mundo real; y el recuerdo. Se integran estos múltiples niveles mediante escenas de *flashback* y sueño en las cuales pasado y presente se funden, luces que corresponden a una persona o una secuencia dramática, y los gritos callejeros o la luz que se cuela por las celosías, que señalan el insistente mundo de afuera. El título corresponde a las tres medias lunas sobre la puerta; como todo en la casa, están oscurecidas por el polvo y el tiempo. El tiempo es el enemigo; al destruirlo o negarlo, podrán vivir felices otra vez. El resultado es que viven una autoilusión colectiva y deliberada y a la postre falsa.

Las hermanas están obsesionadas por la culpa; evitan la luz de afuera porque es también la luz de la verdad. Emilia con su amor culpable, simbolizado por la cojera; Inés la fea, que destruyó la felicidad de su hermana; Hortensia, comida por el cáncer de su orgullo. El holocausto final destruye el mundo en el cual escogen no vivir, pero es también la purificación por el fuego. Sin embargo existe otra dimensión todavía: las hermanas aunque rechazan el mundo invasor, fueron en un tiempo cómplices de ese mismo mundo. Traicionadas por el tiempo y las invasiones norteamericanas, ellas antes fueron las traidoras en su apego a todo lo europeo y su falta de comprensión de la situación de la isla colonizada. Los momentos finales de *Los soles truncos* son una viva metáfora de la purificación y del rechazo de un mundo que no son los suyos.

FRANK DAUSTER
Rutgers-The State University of New Jersey

René Marqués

Los soles truncos

(Comedia trágica en dos actos)

PERSONAJES

(POR ORDEN DE INTERVENCIÓN)

INÉS

EMILIA

HORTENSIA

LUGAR DE ACCIÓN:

Casa muy antigua en la calle del Cristo

ÉPOCA: ACTUAL

Acto I: Primeras horas de una mañana estival.

Acto II: El mismo día; primeras horas de la tarde.

(Intermedio: 15 minutos)

Acto Primero

(Sala amplia en antigua casa de la calle del Cristo; segundo piso. Al fondo, tres puertas persianas que dan al balcón. Las puertas están cerradas. Sobre cada una de las puertas hay un semicírculo de cristales en tres colores alternados: rojo, azul, amarillo. La forma de los cristales recuerda el varillaje de un abanico o los rayos de un sol trunco. En una época estos cristales fueron transparentes. Hoy dan la impresión de ser esmerilados debido, sin duda, al polvo, al salitre, el tiempo. Las persianas están cerradas. La luz exterior sólo entra a la sala a través de los soles truncos.

La casa está casi en ruinas. La sala empapelada de verde y rosa, diseño floreado ya muy desvaído. En algunos lugares se ha roto el empapelado. La pared de la derecha, muestra una enorme mancha de agua cuyo diseño ha tomado la forma de un rnapa: desde el techo hasta el piso, dos continentes unidos por un istmo.

A la derecha, en primer término, puerta a habilación, cerrada. En la parte superior de la puerta hay otro sol trunco, pero éste de madera calada. A la derecha, fondo, escalera de caoba que conduce a las habitaciones superiores.

A la izquierda, abarcando centro y primer término, hay un gran medio punto en forma de arco que conduce al vestíbulo, y de éste a distintas dependencias de la casa. El vestíbulo está a un nivel más alto que la sala de modo que para llegar a ésta se desciende un escalón. Parte de esta platafornia del vestíbulo se proyecta en semicírculo hacia la sala. De la mitad del arco del medio punto más inmediata a primer término, pende un cortinón de damasco desteñido recogido al lado por un cordón de seda raída, cuyas puntas terminan en borlas. Una sección del vestíbulo, desolado y en penumbra, puede verse desde la sala.

Ocupan la sala, precariamente, restos heterogéneos de mobiliario de una época que conoció la suntuosidad y el refinamiento. Un piano de palo de rosa, al fondo centro, un poco hacia la derecha, dejando amplio espacio para moverse a su alrededor. Consola de mármol y gran espejo de marco dorado, rococó, adosada al único entrepaño de la izquierda, entre el medio punto y la pared del fondo. En el centro de la escena, una butaca Luis XV y un sillón de Viena. Adosada a la pared de la derecha, entre la escalera y la puerta cerrada de primer término, una silla estilo Imperio. Todo deslustrado, deteriorado. Una araña de cristal de roca, que carece de un brazo y de varias lágrimas, pende del techo; cubierta de polvo, fuera de uso.

Sobre la consola hay un candelabro de tres brazos con una sola bujía. La plata del candelabro está ennegrecida. Sobre la cola del piano cuelga, a modo de tapete, un gran mantón de Manila de grandes rosas pálidas, más empalidecidas aún por el tiempo. La seda del mantón está, a trechos, raída. Sobre el mantón, un quinqué ordinario.

La bujía y el quinqué están encendidos, a pesar de que por los cristales de los soles truncos del fondo trata de colarse la luz alegre del día. La sala vive en este instante las primeras horas de una mañana estival.

Entra Inés Por la izquierda, con un cubo de agua y un estropajo. Tiene setenta años: alta, fea, seca, enérgica. Viste traje negro, anticuado. Deja el cubo y el estropajo en primer término izquierda. Se dirige al fondo y abre una de las persianas. Va a la consola y apaga la bujía, luego va al piano y apaga el quinqué. Se empieza a arrollar las mangas del traje y se dirige al pie de la escalera, derecha.)

INÉS—*(Mirando hacia lo alto de la escalera.)* ¡Emilia! ¡Emilia! *(Se dirige a la puerta de primer término derecha. Al tocar el picaporte, se arrepiente, mira hacia atrás, va, toma el cubo de agua y el estropajo y lo deja al pie de la escalera.)* Emilia, aquí tienes el agua. *(En voz muy alta, irritada.)* ¡Emillia!

EMILIA—*(Su voz desde las habitaciones superiores.)* Espera, Inés. El sol no me deja peinar.

INÉS—El agua está lista.

EMILIA—Es el sol, te digo. Yo no tengo la culpa. Es el sol.

INÉS—*(Impaciente.)* ¡Baja ya!

EMILIA—Voy. Voooy…

(Inés se dirige a primer término derecha, abre la puerta, sale y cierra tras de sí.)

(Emilia desciende lentamente por la escalera. Tiene sesenta y cinco años: pequeña, frágil, rostro que aún conserva cierta remota belleza espiritual, ademanes y gestos indecisos se le escapan con frecuencia, revelando timidez de niño o de corza asustada. Cojea del pie izquierdo. Viste bata gris de casa, de principios de siglo, harto estropeada, aunque limpia.)

EMILIA—…y como el sol entra por esa persiana rota de la ventana y va a dar de lleno en el espejo, es imposible peinarme. Por eso te digo, que si fuera posible arreglarla, sólo… *(Se interrumpe al ver que no hay nadie en la sala. Se apoya en el pasamanos y llama quedamente.)* Inés. *(Mira hacia el vestíbulo y luego hacia la puerta de la derecha. Vuelve a llamar más quedamente aún.)* Inés. *(Al ver que nadie contesta sonríe, se vuelve y sube de prisa, todo lo de prisa que le permite su pie lisiado.)*

(Desde la habitación de la derecha se oye la voz dolorida de Inés.)

INÉS—*(Su voz en la habitación de la derecha.)* ¿Podrás perdonarme, Hortensia? ¿Podrás perdonarme?

(Emilia se detiene sobresaltada al oír la voz. Se vuelve y en su rostro se refleja ahora un gran temor. Se ha llevado un puño a la boca y, apoyándose en la pared, baja un escalón, con ademán indeciso. Llama en voz baja, temerosa.)

EMILIA—Inés. *(Al no recibir contestación, siempre indecisa, baja otro escalón.)* ¿Duermes, Hortensia? *(Pausa. Retrocede, subiendo de espaldas, el escalón que acaba de bajar.)* ¿Sigues dormida, Hortensia? *(Escucha atentamente. Al no percibir sonido alguno, su rostro se tranquiliza, finalmente sonríe y, volviéndose, sube otra vez de prisa, y sale.)*

(Desde la calle, al fondo, sube una voz de hombre en musical pregón callejero que pasa y se pierde a lo lejos.)

VOZ DEL PREGONERO—¡Malrayo, polvo de amor, besitos de coco, pruébelos, doña! ¡Malraaayo, polvo de amor, besitos de coco para endulzarse el alma, cómprelos, doña! ¡Mayraaayo, polvo de amor, besitos bonitos de cocooo...!

(Al extinguirse el pregón, Inés entra por la puerta de la derecha con una palangana de agua y una toalla al brazo. Cierra la puerta tras de sí, cruza diligente hacia la izquierda y sale por el vestíbulo.)
(Emilia vuelve a aparecer en lo alto de la escalera. Oculta algo a sus espaldas. Echa una cuidadosa mirada a la sala y al ver que está desierta, baja. Cuando llega junto al cubo de agua y el estropajo, se detiene, hace un gesto de aprensión, saca el pequeño cofre que ocultaba a sus espaldas y lo aprieta contra su pecho como para protegerlo de alguna misteriosa contaminación. Luego con la punta de los dedos —un gesto refinado— se recoge la falda y da un pequeño rodeo para evitar rozar el cubo. Ya en la sala se da cuenta de que una de las persianas está abierta. Se cubre los ojos con el antebrazo para protegerse de la luz exterior que a ella le parece hiriente y avanza hacia el fondo, como quien se mueve entre llamas. Con los ojos cerrados, cierra la persiana. Se vuelve, abre los ojos aliviada, va al piano, abre la tapa posterior y esconde allí el pequeño cofre. Luego va a la consola y enciende la bujía que Inés apagara momentos antes. Va a volverse, pero descubre su imagen en el espejo y se detiene observándola. Se arregla unas crenchas rebeldes, tararea un vals de Chopin. Va a volverse, pero se detiene de nuevo. Siempre tarareando se arregla el cuello

de la bata. Da dos pasos atrás para observarse, luego uno hacia la consola. Satisfecha se vuelve y al fin avanza a primer término, centro. De pronto, se detiene, indecisa, no sabiendo qué hacer. Echa una ojeada alrededor y descubre el cubo de agua. El tarareo empieza a languidecer a medida que se va acercando al cubo. Ya frente a él, se detiene indecisa. Ha dejado de tararear. Al fin se decide: doblándose a medias y con bastantes remilgos introduce el estropajo en el cubo y luego lo pasa ligeramente por el primer escalón. Se yergue, deja caer el estropajo dentro del cubo, alza éste y va al fondo. Allí deja el cubo en el piso y mira indecisa alrededor. Sus ojos se detienen en el piano. Empieza a tararear el vals de Chopin, mientras se acerca al piano. Pasa la mano suavemente por la tapa cerrada del teclado, luego da la vuelta y levanta a medias la tapa de atrás del piano, donde guardara el cofre. De pronto, parece despertar de un sueño, deja caer la tapa y se dirige presurosa al fondo. A medida que se acerca al cubo, languidece el tarareo. Se detiene ante él, saca el estropajo y lo pasa ligeramente por el piso. Se yergue, deja caer el estropajo en el cubo, lo toma y cruza hacia primer término izquierda. Deja el cubo sobre el borde de la plataforma semicircular que da al vestíbulo. Se despereza. Mira aburrida alrededor. Descubre la butaca Luis XV. Asume un aire digno. Se alisa el cabello rápidamente, sonríe y avanza, tratando de disimular su cojera. Hace una impecable reverencia cortesana ante la butaca y se sienta en el sillón de Viena. Se oye lejano el vals de Chopin.)

EMILIA—Perdone que le haya hecho esperar, caballero. *(Se arregla cuidadosamente la falda y empieza a mecerse.)* Es el sol, ¿sabe usted? Como nos educamos en el colegio de Estrasburgo. No, no, lo del pie fue en nuestra hacienda de Toa Alta. Era yo muy pequeña. Antes del colegio, claro. Hortensia siempre fue la más hermosa. *(Ríe.)* Gracias. Es usted demasiado galante. Pero Hortensia en verdad es la más hermosa. *(Deja de mecerse, alarmada.)* No, por favor, que no lo oiga Inés. Inés detesta mis versos. Tiene el mismo cabello de mamá Eugenia. Oscuro y espeso como el vino de Málaga. Así dice papá Burkhart. Pero inútilmente, porque mamá Eugenia trajo de su Andalucía un tipo de belleza que perteneció a los griegos. ¡Claro que la vio usted en la última recepción del Gobernador General! Era ella con su diadema de brillantes y zafiros. *(En tono de un lacayo que anuncia.)* ¡Doña Eugenia Sandoval de Burkhart! Sí, sí, una verdadera reina en palacio. *(Suspira y se mece.)* ¡Qué quiere usted! La habrá vendido Inés. O empeñado, que es igual. Y la ajorca de rubíes, y la sortija de brillantes, y la de perlas... Nuestra plata también... *(Se interrumpe y deja de mecerse.)* Que no lo sepa Hortensia, por favor. Ella cree que la hacienda de Toa Alta todavía es nuestra. ¿Le molesta el sol, no es cierto? Permítame que suba las persianas. *(Se levanta y va al fondo sin interrumpir su charla.)* No, no es molestia. Siempre he dicho que el sol destiñe las alfombras. *(Finge cerrar la persiana que ya había cerrado.)* Mamá Eugenia lo repite siempre: «Cerrad las persianas, niñas, que el tapizado de los muebles pierde su color». Aunque papá Burkhart se ponga furioso y abra luego los postigos de par en par: «¡Que entre el sol, niñas, que entre el sol!» *(Sonríe suavemente y vuelve a sentarse en el sillón.)* Gracias por decirlo. Pero tiene usted razón. Es una familia encantadora. *(Con aire de misterio, dejando de mecerse.)* La verdad es que las tres puertas sólo se cerraron cuando Hortensia dijo NO a la vida... Aunque de Estrasburgo, ya habían llegado los encajes blancos... *(Cierra los ojos y se mece.)* No, no me lo pregunte usted. Sólo sé que dijo NO a la vida...

(Se oye la voz autoritaria de Inés desde la izquierda.)

Inés—¡Emilia!
Emilia—*(Sobresaltada.)* ¡Ay, perdone usted! Creo que me llaman.
Inés—*(Su voz desde la izquierda.)* ¡Emilia!
Emilia—Perdón. Perdón. *(Levantándose y yendo presurosa hacia la izquierda, en voz muy alta.)* Estoy... estoy trabajando. *(Se detiene, vuelve —siempre cojeando— sobre sus pasos e inmoviliza el sillón que había quedado meciéndose solo; regresa hacia la izquierda rezongando.)* Ni conversar se puede en este mundo loco. *(Saca el estropajo del cubo y lo pasa ligeramente por el borde de la plataforma semicircular.)*

(Entra Inés por la izquierda.)

Inés—No has hecho nada, como siempre.
Emilia—¿Nada, Inesita? ¿No ves que estoy terminando? La sala es muy grande. No soy una de esas máquinas que usan ahora. Soy sólo una pobre mujer sin fuerzas. Y mi pie...
Inés—Está bien. Deja el tema del pie.
Emilia—Pero, Inesita, era precisamente sobre el pie que yo le estaba explicando. Y de cómo me caí en la hacienda de Toa Álta. Era muy niña, entonces, como sabes...
Inés—¿A quién le estabas explicando?
Emilia—*(Cogida en pifia.)* ¿Yo? ¿Explicando? A nadie, claro. ¿Explicando, dices?
Inés—¿Estás hablando sola otra vez?

EMILIA—*(Indignada.)* ¿Hablando sola? ¿Yo, hablando sola? Pues no. No te admito semejante calumnia. No estaba sola. Estaba hablando con... *(Va a señalar hacia la butaca Luis XV, pero casi al instante detiene el gesto, desconcertda, perdida.)* Con... Yo estaba hablando... *(Deja caer el estropajo y se dirige vacilante al fondo. Allí permanece de espaldas. Hay una pausa. Luego su voz suena entrecortada.)* Siento no poder ayudarte, Inés.

(Inés se deja caer en la butaca.)

INÉS—No te he pedido ayuda. A nadie le pido ayuda. He pasado una noche de infierno. He cargado agua del aljibe. Voy a salir ahora...
EMILIA—*(Volviéndose a medias.)* Me duele que salgas... así.
INÉS—*(Levantándose.)* Eso es cuenta mía.
EMILIA—Quizá si yo...
INÉS—Lleva el cubo luego a la cocina. *(Se dirige a la escalera, se detiene y se vuelve a medias.)* Y, Emilia, que no se apague el cirio en la habitación de Hortensia.
EMILIA—*(Yendo hacia la escalera, angustiada, con terror casi.)* ¡No, Inesita, eso no!

(Inés se detiene, se vuelve y mira a Emilia fríamente. Emilia baja la cabeza confusa.)

EMILIA—Me da miedo.
INÉS—¿Miedo?
EMILIA—¿Dije miedo? No, no entiendes. Dolor. Y un poco de espanto. Pero más dolor. ¡Oh, Dios mío, qué horrible es el tiempo! Tenía el traje de raso azul y acababa de bailar una mazurca con el Gobernador General. ¿Recuerdas? *(En grito rebelde.)* ¡Inés, Inesita! ¿Cómo puedes enfrentarte al tiempo y no morir de horror? *(Se empieza a oír una mazurca. La luz de la sala adquiere un tenue tinte purpurino. Emilia habla ahora con naturalidad.)* Fue entonces que se le acercó el alférez español y le dijo sonriendo: «Es usted la más deslumbrante belleza de esta recepción, señorita Hortensia». *(Inés se vuelve con brusquedad y empieza a subir lentamente por la escalera de la derecha.)* Y bailaron. Una mazurca también. El tiempo no era horrible entonces. El tiempo apenas si transcurría. *(Se intensifica la luz purpurina y sube de volumen la música.)* Era el palacio del Gobernador General. Y Emilia con sus trenzas apretadas —odiosas trenzas— junto a mamá Eugenia. «Gracias, caballero, Emilia aún es muy niña. No puede bailar. En cambio, mi hija Inés...» Y papá Burkhart, con su sonrisa helada:

«¡Estrasburgo jamás será de Francia, Excelencia!» Porque el tiempo no hacía daño ni Estrasburgo era de Francia. Y el salón era un ascua de luz y Hortensia reía en sus brazos y giraban juntos, el alférez en uniforme y Hortensia en su traje de raso azul. *(Bruscamente, en nuevo grito agudo, rebelde, destruyendo el recuerdo momentáneamente.)* ¿Cómo puedes, Inés, enfrentarte a la cara horrible del tiempo?

(Cesa de golpe la música y la iluminación vuelve a hacerse normal. Inés ha desaparecido en lo alto de la escalera. Emilia, desconcertada, mira en torno suyo. Luego cruza hacia la izquierda, toma el cubo y sale por el vestíbulo.)

(Breve intervalo. En lo alto de la escalera aparece Inés. Se ha puesto un sombrero anticuado y lleva al brazo un bolso de pasamanería negra, terminado en borla. Baja calzándose los guantes. Al llegar a la sala se da cuenta de la persiana cerrada, y la bujía encendida. Va al fondo, abre la persiana. Luego va a la consola y apaga la bujía. Al hacerlo se oye un sonido musical extraño, como la cuerda de un instrumento que se rompe. Simultáneamente languidece la luz mañanera del exterior que se cuela por los soles truncos y la persiana. Hay un breve instante de penumbra intensa y luego empieza a iluminarse la parte derecha de la sala con una luz azul de sueño.)

(Hortensia aparece en lo alto de la escalera. Tiene diecinueve años, espléndido tipo de belleza nórdica, con porte altivo de reina. Viste elaborada bata de casa color de rosa, de las postrimerías del siglo pasado. Está cepillándose su larga cabellera rubia.)

HORTENSIA—¿Llamabas, Inés?

INÉS—*(En las sombras de la izquierda, frente al espejo de la consola, sin volverse, de espaldas a Hortensia.)* Sí, Hortensia.

HORTENSIA—¿Y bien?

INÉS—Llegaron los encajes de Estrasburgo.

HORTENSIA—Los he visto. Mamá Eugenia y yo abrimos la caja.

INÉS—¿Te gustan?

HORTENSIA—No están mal.

INÉS—Tú mereces lo mejor.

HORTENSIA—*(Empieza a bajar lentamente, siempre peinándose.)* Gracias, Inés. Supongo que fue lo mejor que pudieron conseguir los parientes de papá Burkhart.

INÉS—Mereces también el mejor marido.

HORTENSIA—*(Riendo.)* Tengo el novio mejor.

INÉS—No.

HORTENSIA—*(Se sienta en la silla estilo Imperio y empieza a atarse una cinta a la cabeza. Habla con humor.)* Vamos, Inesita, nada te parece suficientemente bueno para mí. Pero San Juan no es París, ni Berlín, ni Madrid. Mamá Eugenia está contenta. Y hasta el pobre papá Burkhart...

INÉS—¿Por qué dices «el pobre»?

HORTENSIA—Es un decir. Pero ya sabes, un naturalista alemán metido a hacendado del trópico...

INÉS—Con éxito.

HORTENSIA—¡Si no digo lo contrario!

INÉS—Y te adora. Más que a nadie.

HORTENSIA—Porque me parezco a él. Vanidad masculina, niña.

INÉS—Es hermoso como un dios nórdico.

HORTENSIA—*(Riendo.)* Lo cual me convierte a mí en Walkiria. Por lo menos.

INÉS—Nadie puede negar que eres hermosa.

HORTENSIA—Tú tienes un bonito pelo, Inés. Siempre me ha gustado.

INÉS—Yo soy la vergüenza de una familia donde reina la hermosura.

HORTENSIA—*(Como si no la hubiese oído.)* Tienes el mismo pelo de mamá Eugenia.

INÉS—Pero no su cara.

HORTENSIA—Y el mismo porte de una reina mora.

INÉS—No hay sangre mora en nuestras venas.

HORTENSIA—Es otro decir, criatura. Ya sé que somos celtíberos por la rama de Málaga. Más aún, ahora, al yo casarme, tendremos entre nosotros...

INÉS—*(Bruscamente, golpeando el mármol de la consola.)* ¡No es digno de ti, Hortensia!

HORTENSIA—¡Qué tonterías dices! Papá Burkhart ha estudiado su origen, toda la familia... su sangre es...

INÉS—¡No es la sangre del alférez lo que ahora me importa!

HORTENSIA—*(Súbitamente sombría.)* ¿Por qué siempre le llamas «el alférez»? *(Levantándose.)* ¿Por qué no le mencionas por su nombre?

INÉS—*(Turbada.)* No creo que sea necesario.

HORTENSIA—Necesario quizá no. Pero ¿no te parece extraño? Después de todo pronto será mi esposo.

INÉS—*(Ahogando un grito.)* ¡No! *(Pausa.)*

HORTENSIA—*(Acercándose al piano, habla despacio, deliberadamente, con la mirada fija en la nuca de Inés.)* ¿O es que te gustaría que no lo fuese?

INÉS—*(Irguiéndose frente al espejo.)* ¿Qué quieres decir?

HORTENSIA—No lo sé exactamente. ¿Qué quieres decir tú, Inés?

INÉS—¿Yo... ? Nada... Sólo quería prevenirte.

HORTENSIA—¿En su contra?

INÉS—No deseo hablar, Hortensia.

HORTENSIA—Pero has hablado. Para no desearlo, has hablado demasiado ya. ¿Por qué me llamaste? ¿Qué es lo que desde el principio intentas indicarme?

INÉS—¡No quiero, Hortensia! No quiero destruir tu felicidad. *(Pausa.)*

HORTENSIA—*(Apoyándose en el piano.)* Entonces es de mi felicidad de lo que se trata. Nada menos que de mi felicidad. ¡Y parece que tienes el *poder* de destruirla! *(Pausa breve.)* ¿Vas a usar ese poder, Inés?

INÉS—*(Siempre de espaldas a Hortensia.)* No... No comprendes. Sólo quería decirte...

HORTENSIA—¡No lo digas! *(Se vuelve y se dirige presurosa a la escalera.)*

INÉS—Pero acabas de pedirme...

HORTENSIA—*(Se detiene, sin volverse, con voz brusca.)* ¡No es cierto! No te he pedido que destruyas un sueño. Todo lo contrario, Inés. Te pido que no lo hagas.

INÉS—Pero no serás feliz ignorándolo.

HORTENSIA—*(Huyendo hacia la escalera.)* Prefiero ese riesgo al otro. ¡No quiero saber nada!

INÉS—*(Acuciante, sin volverse.)* Es mi deber decírtelo.

HORTENSIA—*(Empezando a subir.)* No quiero saber. No quiero saber...

INÉS—*(En grito en que se mezcla el rencor y el triunfo.)* ¡Tiene una amante, Hortensia! Y un hijo con esa mujer. *(El grito paraliza a Hortensia en la escalera. Pausa tensa.)*

HORTENSIA—*(Sin volverse.)* ¿Qué mujer?

INÉS—La yerbatera de la calle Imperial.

HORTENSIA—*(Volviéndose hacia ella, con voz terrible.)* ¡Mientes!

INÉS—¡Jamás he mentido! ¡No miento ahora! *(Pausa breve.)* El alférez español podrá jurar que te ama. Pero ello no impide que le haya dado el azul de sus ojos al rapacillo de una yerbatera.

(Hortensia, anonadada, baja y va a dejarse caer en la silla estilo Imperio. Solloza.)

HORTENSIA—*(En voz baja.)* ¿Es cierto, Inés? *(Pausa.)* ¿Cómo lo supiste?

INÉS—Me lo dijo nuestra nana. Ni siquiera a mamá Eugenia se atrevió a decírselo. Pero no creas que iba a depender de la palabra de la nana. Yo misma lo verifiqué luego. Fui a la calle Imperial...

HORTENSIA—*(Irguiendo lentamente la cabeza, sin volverse a Inés.)* ¿Tuviste el valor?

INÉS—*(Siempre inmóvil ante el espejo de la consola.)* Sabes que no hay nada que yo no haga por ti.

HORTENSIA—*(Después de una breve pausa; amarga.)* Lo sé. *(Se levanta y va hacia la escalera. Sube el primer escalón y se detiene, su voz preñada de dolor.)* Ya cumpliste con tu «deber», Inés: asesinaste una ilusión. No sé cuál será tu castigo. Pero estoy segura de que ha de ser terrible. *(Lucha por dominar su emoción.)* No me casaré, desde luego. *(Sube dos escalones más y se detiene.)* Y es mejor así. Porque jamás compartiría yo el amor de un hombre. Jamás. *(Sube otro escalón, y se detiene. Apoyándose en el pasamano e inclinándose hacia la sala; con énfasis, en voz baja.)* Con nadie.

INÉS—*(Su voz tiembla.)* Entonces ¿sabes que Emilia lo ama? ¿Has leído los versos de Emilia?

HORTENSIA—*(Fríamente.)* No me refiero a Emilia. Nuestra hermana será capaz de amar y de escribir versos. ¡Pero capaz de destruir, no!

INÉS—*(Turbada.)* No... no te entiendo, Hortensia.

HORTENSIA—Mira bien, Inés, la imagen fea que refleja ese espejo. *(Sigue subiendo. Al llegar a lo alto se detiene una vez más y se vuelve.)* Inés, ¿lo sabe la gente? Quiero decir, ¿lo de esa... mujer? *(Inés no contesta.)* Está bien. Antes no importaba. Pero ahora, sabiéndolo, no podré tolerar lo que los demás piensen, y digan. *(Pausa.)* ¡No saldré jamás! *(Empieza a languidecer la luz azul. Hortensia va a marcharse, pero se vuelve a medias, con dulzura.)* Inés, te pido que no vuelvas a abrir nunca las puertas del balcón. *(La luz azul se ha extinguido. Sigue oyéndose en la oscuridad la voz de Hortensia que se aleja.)* No debe llegar ya a nosotras el sol puro de la calle del Cristo.

(En la sala a oscuras se oye la nota musical extraña y un cuerpo que cae. Surgen de súbito las luces mañaneras de la calle que se cuelan por los soles truncos y la persiana abierta. Hortensia ha desaparecido. El cuerpo

de Inés yace en el suelo, frente a la consola. Entra Emilia por la izquierda. Viene comiéndose un guineo a medio mondar. Al bajar de la tarima del vestíbulo a la sala, descubre a Inés. Su primer impulso infantil es esconder el guineo a sus espaldas. Luego, dándose cuenta de que Inés no está en condiciones de reprocharla, mete el guineo en el bolsillo de la bata y se acerca indecisa al cuerpo de su hermana.)

EMILIA—Inés. ¡Inesita! ¡Inés! *(Se inclina hacia ella y le da unas palmaditas en las sienes y las manos.)* Dios mío, se ha desmayado otra vez. No habrá comido nada, como de costumbre. Te vas a morir de hambre, Inesita. Y yo, comiéndome la única fruta... *(Saca el guineo del bolsillo.)* Toma, Inesita, toma. No, no, las sales. Ay, Virgen, las sales inglesas. ¿Dónde están las sales? *(Se levanta con el guineo en la mano, turbada, indecisa.)* Las sales. *(Se dirige a la puerta de primer término derecha.)* Las sales inglesas. *(En el momento de poner la mano en el picaporte se detiene, mira con aprensión a la puerta, gira sobre sí.)* No, sólo las sales. *(Se dirige a la escalera y sube. Inés empieza a incorporarse.)* Siempre se desmaya. Te vas a morir de hambre, Inesita. Ay, se lo digo tanto. Un buen caldo de gallina. Un consomé sustancioso. Un pollito frito... ¡Cómo se pierden las aves en la hacienda de Toa Alta!

INÉS—*(Débilmente.)* Emilia...

• *(Emilia se detiene, gira sobre sí y empieza a bajar.)*

EMILIA—*(Bajando.)* Aquí, aquí estoy. Buscando las sales. Siempre ayudan. Aunque insisto en que es hambre, Inés. *(Se da cuenta del guineo que tiene en la mano y lo oculta apresuradamente en el bolsillo de la bata.)* Gracias a Dios que estás bien ya. ¡Las cosas que hace el tiempo! Es horrible el tiempo, horrible. *(Ayuda a Inés a ponerse de pie.)* Ven, siéntate. *(Conduce a Inés al sillón de Viena. Inés se sienta.)* Iré a hacerte un guarapito de naranjo. *(Se dirige a la izquierda, se detiene.)* ¿Pero hay azúcar?

INÉS—Deja. Estoy bien.

EMILIA—No creo que haya azúcar. Nunca hay azúcar.

INÉS—*(Levantándose.)* Debo irme ya. *(Se dirige al espejo y se pone el sombrero.)*

EMILIA—*(En voz baja, después de una breve pausa.)* ¿Tiene que ser hoy, Inés?

INÉS—Sí.

EMILIA—¿No podríamos...? ¿No podríamos buscarle sitio aquí, en nuestro patio?

INÉS—*(Irritada.)* Allá afuera en el mundo hay hombres estúpidos que hacen reglamentos y leyes, Emilia.

EMILIA—Pero nosotros no vivimos en el mundo de afuera.

INÉS—Es igual.

EMILIA—No, no es igual. Está bien que nos cercaran de hambre. Y de tiempo. Pero aquí, dentro, nada pueden. Nadie manda sobre nosotras.

INÉS—No estés tan segura.

EMILIA—Tú lo impedirás. Como siempre. Te fingirás loca, como otras veces. Para echarlos. A los acreedores. Y a los que quieran comprar nuestras ruinas. Y a los turistas. Impidiendo que violen el recinto en su búsqueda bárbara de miseria. Alejando los husmeantes hocicos ajenos de la ruina nuestra, y el dolor.

INÉS—¿Y por cuánto tiempo crees que podremos llamar nuestras estas ruinas? Seguirán el camino de la hacienda. Habrá una subasta... Si no es que la ha habido ya. *(Irritada.)* ¿Piensas que puedo estar al tanto de todo? Y entonces...

EMILIA—¿Y entonces?

INÉS—Nos echarán, claro.

EMILIA—*(Aterrada.)* ¡No, Inés!

INÉS—¡Qué importa que lo hagan! Ya Hortensia no estará con nosotras. Nos llevarán al asilo...

EMILIA—*(A gritos.)* ¡Cállate! ¡Cállate!

INÉS—*(Suavemente irónica.)* Nos cuidarán, Emilia.

EMILIA—¡No quiero que nadie me cuide! ¡Lo que quiero es *morirme* si esta casa deja de ser nuestra!

(Pausa. Inés mira a Emilia con curiosidad. Se acerca a ella y pasándole una mano por la mejilla pregunta suavemente.)

INÉS—¿Lo dices en serio?

EMILIA—*(Abrazándose a ella.)* Te juro que sí.

INÉS—*(Abrazada a Emilia, acariciándola mientras sonríe.)* No es fácil morir cuando se quiere. *(Pausa breve. En voz baja.)* Aunque quizá sí lo sea. *(Reacciona, desprendiéndose a Emilia de sus brazos.)* Bien. Olvídate de la casa ahora. Todavía es nuestra.

EMILIA—Tiene que serlo, siempre. Es la casa que Hortensia amó. Donde destruimos el sueño de Hortensia. Donde por tantos años hemos expiado nuestra culpa. *(En voz baja.)* La casa debe expiar por nosotros. Es nuestra cómplice. Nadie debe rescatarla de su expiación. Lucharemos por conservarla, ¿no es cierto?

INÉS—Sí, mientras podamos…

EMILIA—Podremos, Inés. *(Recobrando su tono infantil.)* Mantendremos cerradas las puertas del balcón. ¡Te lo he dicho tanto, Inesita! ¡No abras las persianas! ¡No las abras! Y si Hortensia…

INÉS—Debo irme. *(Intenta salir presurosa por la izquierda. Emilia la detiene.)*

EMILIA—No permitas que se lleven a Hortensia. Ya te he dicho que quizás aquí mismo, en nuestro patio… Podemos cavar con nuestras propias manos…

INÉS—¡Cállate! *(Sale por el vestíbulo.)*

EMILIA—*(Yendo presurosa hacia la izquierda.)* Inés, Inesita. *(Deteniéndose en el medio punto, le habla a Inés, quien aparentemente se ha detenido en el vestíbulo, fuera de escena.)* ¡Por favor, que sea bonita! No, no digo como la de papá Burkhart. Pero que no sea fea. Hortensia se merece lo mejor. Te lo ruego. Ya sé que es de Beneficencia Municipal. Pero haz lo posible. Inesita. ¡Que no sea fea! *(Se oye en el vestíbulo la puerta que Inés ha cerrado bruscamente al salir.)*

(Emilia se vuelve, suspira, luego hace un gesto como para sacudir pensamientos sombríos y se dirige al piano. Se detiene, abre la tapa posterior y saca el pequeño cofre. Lo observa con ternura, lo aprieta rítmicamente mientras tararea el vals de Chopin. Da unos pequeños pasos de baile. Al girar sobre sí se da cuenta de que la persiana está abierta. Se detiene. Se cubre rápidamente los ojos con el antebrazo. Avanza así, a tientas, hacia el fondo, y cierra la persiana. Luego va a la consola, coloca cuidadosamente —con ademán ritual— el cofre sobre el mármol y, finalmente, enciende la bujía. Al hacerlo se oye el sonido musical extraño de una cuerda que se rompe, languidece la luz exterior, que se cuela por los soles truncos y empieza a iluminarse el vestíbulo con una luz azul de sueño. Un piano lejano inicia el vals de Chopin. Emilia abre el cofre y saca de él un cuaderno de versos. Lo abre y lee con emoción.)

EMILIA:

> «Soy piedra pequeña entre tus manos de musgo,
> Alas de arcángel para tu amor.
> Soy Cordero de Pascua para tu espada,
> Valle del Eco para tu voz».

(En el medio punto del vestíbulo aparece Hortensia. Tiene treinta años. Viste severo traje de principios de siglo y crespones de luto. Está aún más hermosa que en sus diecinueve años. Pero hay ahora algo frío y lejano en su belleza.)

(Emilia aprieta el cuaderno abierto contra su pecho, cierra los ojos y, alzando la cabeza, repite como en éxtasis.)

EMILIA:
«Soy Cordero de Pascua para tu espada,
Valle del Eco para tu voz».

HORTENSIA—También tú le amabas, Emilia.

(Emilia da un grito y se dobla sobre la consola como si le hubiesen apuñalado el vientre.)
(Hortensia empieza a avanzar lentamente hacia la sala, cuya parte izquierda —donde se moverá Hortensia— adquiere un débil tinte azulado.)

HORTENSIA—No temas. Conozco tus versos. Tu cuaderno de versos en el cofre de sándalo. *(Pausa breve.)* Siempre escribiste versos, Emilia. Desde que nos enviaron al colegio de Estrasburgo. Pero entonces tus versos eran distintos.

EMILIA—*(Aún doblada sobre la consola.)* Hortensia…

HORTENSIA—No como éstos. Éstos los empezaste a escribir después de nuestro regreso a San Juan. Más exactamente, después de la recepción en el palacio del Gobernador…

EMILIA—*(Siempre en la posición en que quedó después del grito, encogida.)* Hortensia, estabas tan hermosa con tu traje de raso azul.

HORTENSIA—«¿Quién es la niña de las trenzas apretadas, señorita Hortensia?» «Es mi hermana Emilia». «¿No baila su hermana?» «No. La pobrecilla tiene un pie lisiado».

EMILIA—*(Empezando a erguirse.)* Pero sabías que yo podía bailar, Hortensia. A pesar de mi pie lisiado yo podía bailar.

HORTENSIA—*(Recitando.)* «Tu pie de fauno sobre una palabra: amor». Otro verso tuyo, Emilia. Y creías que un cofre de sándalo ocultaría tus versos.

EMILIA—*(Colocando el cuaderno en el cofre.)* Sólo en un cofre de sándalo puede guardarse el corazón. *(Cierra el cofre.)*

HORTENSIA—¡Pobre corazón, Emilia!

EMILIA—¡No seas cruel, Hortensia! *(Se vuelve hacia ella.)*

HORTENSIA—*(Con dulzura.)* Perdóname, niña querida. No quise serlo, realmente.

EMILIA—*(Cambiando de tono al observar a Hortensia por vez primera.)* Pero… ¡Pero no has venido con tu traje azul! Me hubiera gustado… Ya sabes. El azul de raso…

HORTENSIA—Tengo luto, Emilia.

EMILIA—¿Luto? Pero es muy pronto... Quiero decir, todavía no...

HORTENSIA—Mamá Eugenia murió al morir el siglo.

EMILIA—Es cierto...

HORTENSIA—Y la muerte se encariñó con los nuestros. Papá Burkhart... Y después la nana. Y los tíos de Málaga. Y los parientes de Estrasburgo. Ahora me parece que siempre he tenido luto.

EMILIA—Pero fue mamá Eugenia la primera en irse. *(Avanza hacia Hortensia y la besa emocionada.)* ¡Pobrecita! ¡Qué triste debes sentirte! Con lo mucho que nos dolió su muerte. *(Maternal.)* Ven, siéntate. Tienes que estar agotada, criatura. *(La ayuda a sentar en la butaca Luis XV. Hortensia ha ido interpretando lo que sugiere Emilia: dolor, agotamiento.)* Fue un hermoso funeral, sin embargo. Eso debe consolarnos. ¡Y qué bella estaba mamá Eugenia!

HORTENSIA—Como siempre, Emilia.

EMILIA—Sí, como siempre. *(Acaricia la cabeza de Hortensia.)*

HORTENSIA—Aunque más pálida. ¿Te diste cuenta?

EMILIA—*(Yendo hacia el sillón de Viena, donde se sienta.)* Empezó a sentirse mal desde la invasión.

＊ *(Se oyen lejanos toques de clarín guerrero.)*

HORTENSIA—«¡Los bárbaros, niñas, han llegado los bárbaros!»

EMILIA—Siempre son bárbaros los que cambian el mundo que más amamos. «¡Están bombardeando la iglesia de San José, niña Eugenia!» Pero no sólo la iglesia. Bombardearon los cimientos de nuestro mundo. Por eso mamá Eugenia les llamaba «los bárbaros». Poco después se sintió enferma...

HORTENSIA—Anemia perniciosa fue el diagnóstico.

EMILIA—Sólo para que papá Burkhart rechazara el diagnóstico indignado.

HORTENSIA—Porque mamá Eugenia se moría de dolor.

EMILIA—El dolor de ver flotar una bandera extraña donde siempre flotara su pendón rojo y gualda. «De eso muere vuestra madre, niñas».

(Cesan los clarines.)

HORTENSIA—Pero fue un hermoso funeral.

EMILIA—Es lo que te digo. Todo San Juan acudió a Catedral. El obispo...

HORTENSIA—¿Fue entonces que empezó a cambiar el mundo?

EMILIA—No. El tiempo se desató después.

HORTENSIA—Entonces, ¿por qué querías verme en mi traje azul?

EMILIA—No sé. Es como mejor te he amado. Además, pensé que hoy, precisamente hoy…

HORTENSIA—*(Bruscamente.)* ¿Dónde está Inés?

EMILIA—*(Turbada.)* ¿Inés? Ha salido…

HORTENSIA—Dime la verdad, ¿ha ido a empeñar algo? ¿Alguna de nuestras joyas? *(En súbito tono de queja infantil, extraño en ella.)* El año pasado vendió la ajorca de rubíes. Fue una crueldad de Inés. Sabe bien que prefiero morir antes de que las joyas salgan de esta casa. *(Suplicante.)* No lo permitas, Emilia. Las joyas… Son lo único que dan seguridad a mi vida… Hay mucha fealdad…

EMILIA—*(Precipitadamente.)* Sí, mucha fealdad en el mundo de afuera.

HORTENSIA—No, en nosotras mismas, Emilia. Celos, envidia, soberbia, orgullo. Rencor.

EMILIA—*(Reprochando vivamente.)* No menciones esas cosas, Hortensia. Cosas así no existen en nuestro mundo.

HORTENSIA—Suéñalo así, si quieres. Yo conozco la fealdad nuestra, por encima de tus sueños.

EMILIA—Todo lo feo lo ha traído el tiempo.

HORTENSIA—Ya no importa. Pero las joyas… Son bellas. Con una belleza que nada puede destruir. Ni siquiera el tiempo. Cuando a escondidas, en mi habitación, coloco en mi frente la diadema de mamá Eugenia, todo lo feo desaparece. Tu frustración, Emilia. La envidia y los celos de Inés. Mi rencor espantoso… Y la miseria.

EMILIA—Y el tiempo.

HORTENSIA—Sí, también el tiempo. *(Recobrando su tono autoritario.)* Por eso, Emilia, tienes que decirme la verdad. ¿Ha ido Inés a empeñar algo?

EMILIA—*(Levantándose, nerviosa.)* No, no lo creo. Ya nada hay que empeñar.

HORTENSIA—*(Levantándose, soberbia.)* ¿Mendigando, entonces?

EMILIA—No… No exactamente. Sólo…

HORTENSIA—*(Despectiva.)* ¡Pordiosera!

EMILIA—*(Casi llorosa.)* ¡Qué quieres! Si ella no lo hace… Tú con tu orgullo. Y yo, no puedo soportar el sol. Siempre se lo digo: «Cierra las persianas del balcón, Inés». Pero ya la conoces. Tiene una voluntad de hierro. Y luego, desde que perdimos la hacienda de Toa Alta…

HORTENSIA—¿Qué dices?

EMILIA—Ay, Dios mío, es cierto. No debes saberlo. Nunca lo has sabido. Pero es por eso. Por eso es que Inés tiene que hacerlo. La muerte, el tiempo… Aunque hoy no salió a mendigar, te lo aseguro.

Hoy no. Y ya no me importa que lo sepas. Lo otro, quiero decir. No puedo tolerar más que la tortures. Ya ves cómo te ha atendido, te ha animado, sin una queja... Y anoche... Hasta el último instante. Ella lo hizo todo. Y hoy... Yo no hubiese tenido valor.

HORTENSIA—¡La hacienda de Toa Alta! Perdida. *(Con rencor apasionado.)* ¡Habéis vendido nuestras tierras!

EMILIA—No por voluntad nuestra, Hortensia. Confiscadas creo. No entiendo bien. Debíamos años y años de contribuciones. El viejo notario nos lo había advertido: «Las venderán en subasta pública». Había advertido a Inés, quiero decir. Y ya ves, tuvo razón.

HORTENSIA—¡Miserable traidor!

EMILIA—Pero Hortensia, no hubiéramos podido...

HORTENSIA—Resistir es la consigna, Emilia. Resistir. A pesar del hambre, y el tiempo, y la miseria. Cuántas veces ha de venir a mí con su voz melosa y su cara de zorra en acecho: «Es preciso vender, señorita Hortensia. Los americanos pagan su buen dinero». ¿Y crees que voy a decirle: «Ande, ande, viejo ladrón, venda, venda, que buen uso se le puede dar al dinero, cuando el hambre acecha»? No, Emilia, no. Veinte, cien, mil veces le diré lo mismo: «¡Jamás nuestras tierras serán de los bárbaros!» *(Pausa, Emilia solloza.)* ¿Por qué lloras, niña?

EMILIA—No debí decírtelo. Inés me mataría si supiera...

HORTENSIA—*(Maternal, abrazando a Emilia.)* Vamos, vamos, no llores. Nada le diremos a Inés. Sécate esas lagrimitas. No quiero que ella te vea llorando. Así, a ver si te alegras. ¿Quieres que me ponga el traje azul?

EMILIA—*(Calmada ya, sonriendo infantilmente.)* ¿Lo harás? ¿Lo harás por mí?

(Suena en la calle un claxon ensordecedor. Se apagan de súbito todas las luces en escena, incluyendo la bujía de la consola; oscuridad total. Cesa la música del piano. Se ilumina de súbito la escena con la luz normal del interior que se cuela por los soles truncos. Hortensia ha desaparecido. Emilia está sentada en el sillón de Viena. Se mece suavemente, con los ojos cerrados. Vuelve a sonar el claxon. Emilia abre los ojos, deja de mecerse y mira hacia el fondo. Se da cuenta de que la bujía se ha apagado. Hace un gesto de extrañeza. Se levanta y va hacia la consola. Mira la bujía y luego mira hacia la sala, indecisa. Al fin enciende la bujía. Coloca sus manos sobre el cofre, lo contempla y sonríe. Se oye ruido en el vestíbulo.)

EMILIA—*(Sobresaltada.)* ¿Eres tú, Inés? *(Espera un instante, luego toma el cofre y apresuradamente, va a esconderlo al piano. Se oye de nuevo el ruido en el vestíbulo. Emilia se vuelve.)* Inesita, ¿eres tú?
INÉS—*(Desde el vestíbulo, invisible aún.)* Soy yo, Emilia. *(Hablándole a alguien en el vestíbulo.)* Pueden dejarla aquí. *(Se oye el ruido de algo depositado sobre el piso de madera.)* Muchas gracias. Adiós. Adiós. *(Pasos. Puerta del vestíbulo que se cierra. Entra Inés.)* Ahí está la caja, Emilia. *(Cruza hacia el centro, se quita el sombrero, lo tira sobre la butaca y empieza a quitarse los guantes.)*

(Emilia mira indecisa hacia la izquierda y luego hacia Inés.)

EMILIA—*(En voz baja, temblorosa.)* ¿Es... bonita, Inés?

(Inés no contesta. De espaldas al vestíbulo continúa quitándose los guantes. Emilia se acerca titubeante al medio punto. Al fin, se asoma al vestíbulo. Da un grito de espanto, y se agarra al cortinón para ocultar con él la visión que le aterra.)

EMILIA—¡Es horrible! ¡Es horrible!

TELÓN RÁPIDO

Acto Segundo

(La sala igual que en el Acto I. El mismo día. Primeras horas de la tarde. La luz exterior que entra por los cristales del fondo es más intensa a esta hora que en el acto anterior. La escena desierta. Se oye en la calle el pregonero que pasa y se aleja.)

Voz del Pregonero—¡Malraayos, polvo de amor, besitos de coco, pruébelos, doña! ¡Malraayos, polvo de amor, besitos de coco para endulzar el alma, cómprelos, doña! ¡Malraayos, polvo de amor y besitos bonitos de cocooo…!

(Antes de que se extinga por completo el pregón, entra Emilia por la izquierda con un bote de los de leche, lleno de agua, en una mano, y un ramo de trinitaria y corazón de hombre en la otra. Viene remedando en voz baja el pregón que se aleja. Cruza hasta el piano, coloca encima el bote de cristal y empieza a arreglar en él las flores que ha cortado de las enredaderas del patio interior.)

Emilia—*(En voz baja.)* ¡Malrayos, polvo de amor, besitos de coco, pruébelos, doña! ¡Malrayo, polvo de amor, besitos de coco, para endulzarse el alma, cómprelos, doña! ¡Malraayos, polvo de amor, besitos bonitos de cocooo…! *(Ajustando en el improvisado florero una rama rebelde, repite enfadada)* …de cocooo, de cocooo… *(Se aleja para observar el efecto. Satisfecha se acerca y reanuda su tarea siempre canturreando en son de pregón.)* ¡Malrayo! ¡Malrayo de amor y besos de hiel y polvo del tiempo! ¡Malrayo! *(Se interrumpe para reír de su propia improvisación. Luego repite.)* ¡Y besos de hiel, y polvo del tiempo! ¡Malrayo!

Inés—*(Desde la habitación de primer término derecha, cuya puerta está cerrada.)* ¡Emilia! Emilia ¿qué haces?

Emilia—Arreglo las flores en la sala, Inesita.

Inés—¿No te quedan polvos de arroz?

Emilia—¿Polvos? *(Asustada.)* ¡No, Dios Santo, no!

Inés—Está bien. Olvídalo.

(Emilia se tranquiliza. Da un último toque al improvisado florero. Saca dos cabos de bujía de su bolsillo y va a colocarlos, tarareando ahora el vals de Chopin, en los brazos vacíos del candelabro que está sobre la consola. Los enciende. Se aleja para ver el efecto. Frunce el ceño, toma el quinqué del piano y lo coloca sobre la consola. Lo enciende. Le parece bien. Viene al centro y arregla el sillón, la butaca. Va a la derecha, saca

un pañuelo diminuto del pecho y sacude el polvo al espaldar de la silla estilo Imperio. Sacude el pañuelo y vuelve a meterlo en su seno. Regresa al centro y observa el efecto total de su arreglo. Le imprime movimiento al sillón de Viena y va a sentarse en la butaca Luis XV, las manos cruzadas sobre su falda. Observa el sillón que se mece.)

EMILIA—Sólo nos falta el chocolate.

INÉS—*(Desde la habitación de la derecha.)* ¿Qué dices?

(Emilia se levanta, va cerca de la puerta de la derecha, y dice en voz muy alta.)

EMILIA—Digo, que si tuviéramos chocolate.

INÉS—¿Chocolate?

EMILIA—*(Sin alzar la voz esta vez.)* Si tuviéramos, digo. *(Al no obtener contestación de la habitación se turba, mira confusa en torno suyo. Finalmente empieza a cruzar hacia la izquierda, mientras murmura casi para sí.)* Haré un tesecito de naranjo.

(Al llegar Emilia al medio punto de la izquierda, se abre la puerta de la derecha y aparece Inés. Tiene arrolladas las mangas de su traje negro. Empieza a bajárselas.)

INÉS—Bien. Ya puedes traer el traje de novia, y los encajes. *(Se interrumpe al ver las bujías encendidas.)* ¡Otra vez, Emilia! *(Va al piano y apaga las bujías.)* Gastas las bujías en pleno día. ¿Qué luz tendremos para esta noche? Y el gas... *(Va a la consola y apaga el quinqué.)* ¡Por lo que más quieras, Emilia, por Hortensia te pido que te portes sensatamente hoy! Demasiadas cosas tengo que hacer para estar perdiendo el tiempo con tus niñerías.

(Emilia ha bajado la cabeza, como un niño que asimila su lección. Pero dice suavemente.)

EMILIA—Tú no pierdes el tiempo, Inés. Es el tiempo el que te pierde a ti.

INÉS—Bien. Bien. Pero haz lo que te digo.

EMILIA—*(Cruzando hacia el centro.)* Sin el tiempo no se hubiese perdido Estrasburgo. No lo creerás, pero fue el tiempo el que perdió a Estrasburgo.

INÉS—*(Impaciente.)* Fueron los alemanes los que perdieron a Estrasburgo.

EMILIA—Ah, no, niña, no, los alemanes no lo perdieron cuando nosotros estuvimos allí. Fue en el próximo siglo. Llevo buena cuenta del tiempo, Inés. Si un siglo se detuviera, los alemanes no podrían perder a Estrasburgo. Pero el tiempo se empeña en pasar por encima de cada siglo. Fue culpa del tiempo...

INÉS—*(Enérgica.)* Ya está bien, Emilia.

EMILIA—*(Yendo hacia la derecha, dulcemente.)* Inés, no seas dura conmigo hoy. Ya ves, arreglé la sala. Sacudí el polvo de los muebles. *(Acaricia el espaldar de la silla estilo Imperio.)* Estaban en el vestíbulo los muebles estilo Imperio. *(Se sienta en la silla.)* ¿Recuerdas? El sillón de Viena no pertenecía a la sala. «¿Quién ha traído esta mecedora a la sala, nana?» «El niño Burkhart, mi niña». «Llévala a la galería». «¡Pero niña Eugenia!» «Aquí sólo quiero mis muebles Luis Quince». Y a la postre el sillón de Viena volvía a la sala. *(Ríe suavemente.)* La nana lo traía a escondidas, antes de que papá Burkhart llegara... ¿Por qué no te sientas, Inés? ¿Por qué no hablamos? Hoy es un buen día para los recuerdos.

INÉS—*(Irónica.)* El tiempo todo es para ti un recuerdo.

EMILIA—¡Ya ves, *tú* lo mencionaste!

INÉS—Antes había mencionado algo que tú debías hacer, Emilia.

EMILIA—*(Levantándose.)* Es cierto. Perdona. *(Cruza hacia la izquierda.)* A veces me olvido. Lo prepararé en seguida.

INÉS—¿A dónde vas?

EMILIA—*(Deteniéndose sorprendida.)* A preparar el tesecito de naranjo que dijiste.

INÉS—El traje de novia, Emilia. Y los encajes.

EMILIA—Ah, sí, sí. Ya me lo habías dicho. *(Vuelve sobre sus pasos, pero se detiene; tímidamente.)* Inés, ¿no podría ser el traje azul?

INÉS—*(Con firmeza.)* No, Emilia. El traje blanco de novia.

(Emilia va hasta la escalera y sube dos escalones. Se detiene.)

EMILIA—*(Tímidamente.)* ¿Sabes? Los encajes se verían bien con el traje azul.

(Inés la mira en silencio. Emilia sube dos escalones más. Se detiene.)

EMILIA—Es... Es que no sé dónde está el traje que dices...

INÉS—En el arca de mi habitación. Es lo único que contiene el arca. No podrás confundirte.

(Emilia llega a lo alto de la escalera y sale. Inés hace un gesto de supremo cansancio. Se pasa el dorso de la mano por la frente y se deja caer en la butaca. Su voz se oye en un susurro.)

INÉS—Ay, Hortensia, Hortensia, qué cansada estoy. *(Apoya el codo en el brazo de la butaca y la frente en su mano abierta.)*

(Breve intervalo. Empiezan a escucharse, muy débilmente, los acordes de la Marcha Nupcial. Sobre las escaleras cae una tenue luz purpurina. En lo alto aparece Emilia llevando en sus brazos el traje de novia, el velo de encajes y la corona de azahares. El vuelo enorme del traje oculta su bata raída, los encajes flotan a su alrededor. La Marcha Nupcial sube de volumen y va in crescendo *a medida que Emilia desciende muy lentamente, disimulando en lo posible su cojera, erguida y transfigurada bajo la luz purpurina.)*

(Inés va alzando la cabeza a medida que desciende Emilia hasta que logra verla y entonces empieza a levantarse, fascinada, con algo de espanto en sus ojos que no pueden apartarse de la figura pequeña extrañamente envuelta en galas nupciales.)

(Ya en la sala, Emilia se va aproximando a Inés. La haz purpurina en la escalera empieza a extinguirse, pero la Marcha Nupcial sube apoteótica, ensordecedora, a medida que Emilia avanza. Inés, sin darse cuenta, retrocede. Un mueble a sus espaldas la detiene al fin. Emilia extiende los brazos para entregarle las prendas nupciales. Inés, bruscamente, se vuelve de espaldas y oculta el rostro entre las manos.)

INÉS—¡No!

(Al grito y gesto de Inés, cesa abruptamente la música. Silencio breve.)

EMILIA—Aquí está el traje de Hortensia, Inés.

(Inés hace esfuerzos por dominarse. Se yergue. Sin volverse dice.)

INÉS—Ten la bondad de llevárselo a… Llévalo a la habitación. Yo iré luego.

(Emilia se vuelve y se dirige a la puerta de la derecha. Al llegar ante ella se detiene, mira la puerta con aprensión, y se vuelve a medias para mirar a Inés.)

INÉS—*(Sin verla, pero adivinando la vacilación de Emilia, con voz dura.)* ¡Entra, Emilia!

(Emilia abre la puerta y sale de escena. Inés va lentamente al fondo. Se acerca a una de las puertas cerradas. Apoya la frente sobre la puerta, luego extiende los brazos como si quisiera abrazarse a la puerta, y solloza así, como crucificada sobre las hojas que no han de abrirse jamás.)
 (Entra Emilia por la derecha, cerrando la puerta tras de sí. Ve a Inés en el fondo y se desconcierta. Da unos pasos indecisos. Al fin se desliza sigilosamente hasta la escalera. Pero en vez de subir, se queda en el primer escalón. Lentamente se va escurriendo hasta el piso sin dejar de mirar a Inés. Se sienta hecha un ovillo en el escalón y se queda allí quieta, como un niño asustado, mordiéndose una uña, observando a Inés a través de los balaustres de la escalera. Inés se ha ido calmando, se vuelve, se acerca al piano y se apoya en él. Se limpia los ojos con las yemas de los dedos. Se fija en el candelabro. Mira hacia la consola. Toma el candelabro y va a colocarlo en la consola. Emilia, hace un infantil gesto de contrariedad. Inés toma el quinqué y viene a dejarlo sobre el piano. Nuevo gesto de contrariedad de Emilia. Inés alisa el mantón de Manila que sirve de tapete al piano. Nota que una de sus puntas está pillada bajo la tapa posterior. Da la vuelta, mueve el bote con las flores, alza la tapa para librar el mantón y descubre el cofre de Emilia. Lo saca. Emilia se pone de pie, sobresaltada. Inés abre el cofre y toma el cuaderno. Avanza con él hasta el primer término. Lo abre.)

INÉS—*(Leyendo.)* «Sólo tu mano purificará mi corazón». *(Descubre a Emilia que la mira espantada.)* Tus versos, Emilia. *(Emilia se adelanta suplicante.)*

EMILIA—No me la quites, Inés.

INÉS—*(Va hacia Emilia lentamente, presentándole el cuaderno abierto.)* Nunca te he quitado nada, Emilia. *(Deja el cuaderno en manos de Emilia.)* Nunca tampoco me gustaron tus versos. Nunca. *(Emilia aprieta el cuaderno contra su pecho y va hacia el piano.)* Los recuerdo todos. Hay algo innombrado en ellos. Algo... indecoroso, Emilia.

EMILIA—*(Protestando.)* ¡Son puros mis versos!

INÉS—*(Después de una breve pausa, como recitando para sí.)* «Tu pie lisiado sobre una palabra: amor».

EMILIA—*(Corrigiendo ofendida.)* «Tu pie *de fauno*», Inés.

INÉS—Sí, a eso me refiero. Si hubieras escrito «tu pie lisiado» sería algo que entendería como tuyo. Pero un «pie de fauno»... Es casi obsceno viniendo de ti.

EMILIA—*(Guardando el cuaderno en el cofre y luego éste en el piano.)* Es inútil discutir contigo, Inesita. Nunca entendiste nada de poesía.

INÉS—Te equivocas. Entiendo mucho de poesía. Entiendo la poesía de los silencios largos, del hambre y la miseria, y el orgullo. Y las frases pueriles, y las frases que hieren. La poesía de la vejez y la penumbra, del sol despiadado, y la mendicidad encubierta. La poesía del cáncer de Hortensia, y la multiplicación monstruosa de las células en el pecho querido de Hortensia, y el dolor hondo que corrompe sin gritos. La poesía horrible del tiempo también yo la conozco, Emilia. Tuve que conocerlas todas, para que tú conservaras la tuya. Y la suya Hortensia.

EMILIA—*(Deslumbrada.)* ¡Inés! Estás hablando... ¡Estás hablando en poesía!

INÉS—Pobrecita Emilia, que cree apresar la poesía en sus pobres versos. Y la poesía se le escapa en la vida horrible de cada día nuestro. *(Sonriendo.)* «Sólo tu mano purificará mi corazón». ¿Lo purificó acaso, Emilia?

EMILIA—*(Confusa.)* Yo... No... No sé...

INÉS—*(Apasionada.)* ¡Purifica el cáncer que corrompe, purifica el fuego que destruye! ¡Purifican los celos y el odio, y el amor de nuevo! Y el infierno. Y quizá la muerte.

EMILIA—*(Medrosa.)* No, Inesita, no hables así.

INÉS—¿Por qué no, Emilia? Sólo he nombrado a la muerte. Y hemos visto la muerte cara a cara, ¿no es cierto? Mamá Eugenia. Papá Burkhart. La nana negra. Papá Burkhart, ¿recuerdas? *(Languidece la luz y empieza a escucharse lejana una marcha fúnebre.)* Desde que murió mamá Eugenia, abandonó la casa de los soles truncos. Y se marchó a la hacienda. Desbocaba caballos por las vegas de caña. Como un loco. Y aquel día... Fue una tarde de octubre. Estábamos tú y yo en la sala. Poco después bajaba de su habitación Hortensia. *(Efectivamente, Hortensia, bajo una luz azul de sueño, desciende por la escalera. Tiene veinticinco años. Viste severa bata color violeta de principios de siglo.)* De pronto, oímos golpes desesperados en el portalón de ausubo. *(En efecto, se oyen golpes en el portalón, abajo, en la calle, hacia la izquierda. Emilia y Hortensia reaccionan al sonido de los golpes. Inés narra de espaldas, inmóvil.)* Luego, el grito terrible de la nana. *(Hortensia, ya en la sala, corre y se abraza a Emilia. Ambas miran con aprensión hacia la izquierda. Se ha extinguido toda luz normal. Sólo un reflejo azulado ilumina la escena. Se oyen pasos subiendo en golpe rítmico de marcha fúnebre por la escalera que conduce del zaguán al vestíbulo. Aumenta el sonido de la marcha.)* Hay pasos en la escalera. Ya, ya se acercan. Ya están en el vestíbulo. Los cuatro criados negros cargando el cuerpo. Ya avanzan rítmicamente con el cuerpo en andas. Ya entran en la sala. *(Hortensia da un grito ahogado.)*

HORTENSIA—¡Papá Burkhart! *(A través de las reacciones de Hortensia y Emilla, visualizamos con exactitud lo que Inés narra.)*

INÉS—*(Siempre de espaldas, inmóvil.)* El cuerpo sobre los hombros de cuatro negros fieles. Con su improvisado sudario de polvo y sangre. Ya están en el centro de la sala. Ya bajan las andas. Ya alzan el cuerpo. Y van colocándolo en la mecedora de las viejas veladas. *(Hortensia y Emilia se arrojan a los pies del sillón de Viena y se abrazan a él sollozando.)*

HORTENSIA—¡Papá Burkhart!

INÉS—Aquí estábamos las tres, llorando. Reunidas como siempre en la gran sala. Las tres puertas de dos hojas cerradas como siempre sobre el balcón. Los tres soles truncos oponiendo al sol sus colores: azul, amarillo, rojo. Y el tiempo entonces se partió en dos: atrás quedóse el mundo de la vida segura. Y el presente tornóse en el comienzo de un futuro preñado de desastres. Como si la muerte esta vez hubiese sido el filo atroz de un cuchillo que cercenara el tiempo, y dejase escapar por su herida un torbellino de cosas jamás soñadas. ¡Y empezó mi calvario! *(Se mueve lentamente desde el primer término, donde permanecía de espaldas, hasta dónde están Emilia y Hortensia.)* Alimentando tus sueños, Emilia. Alimentando, Hortensia, tu rencor, tu orgullo. *(Levanta a Hortensia y la hace, suavemente, apoyar la cabeza en su hombro. Maternal, la va conduciendo hacia la escalera.)* En el hombro ancho y fuerte de Inés. De Inés, la fea. Sin vender nuestras tierras a los bárbaros. Para que a la postre los bárbaros se quedaran con ellas. *(Empieza a subir la escalera, siempre conduciendo a Hortensia. Sigue oyéndose la marcha funeral.)* «Jamás vendáis vuestras tierras, niñas». La consigna de papá Burkhart, ¡qué mal la interpretaste, Hortensia! Tierras que no se trabajan, siempre serán de los bárbaros. *(Pausa y transición.)* Y sin proporcionarme nunca la palabra que hubiese dado sosiego a la horrible incertidumbre. Compartiendo sólo a medias el secreto nuestro. Porque compartirlo todo hubiese herido tu orgullo, demasiado. Sí, tú lo sabías. Yo también amé a tu alférez. Lo adivinaste cuando te revelé su traición. ¡Cómo te gozaste en hacerme expiar mi culpa! ¡La culpa de haber destruido, adrede, tu felicidad! ¡Cuánto nos odiamos, amándonos! ¡Cuántos años de expiación para Inés, la fea! Día a día, ascendiendo mi calvario. *(Han llegado a lo alto de la escalera. Ambas desaparecen. Sigue oyéndose la voz de Inés.)* Con los sueños de Emilia. Con el peso de tu orgullo.

(Al extinguirse la voz, se oye un golpetear estruendoso sobre el portalón de ausubo, en el zaguán. Cesa simultáneamente la marcha fúnebre, se apaga la luz y surge, de súbito, la iluminación normal que viene del exterior, fondo. Emilia permanece en el piso, casi de bruces, el rostro hundido en el asiento del sillón de Viena. Sigue oyéndose el golpear con puños y palmas en el portalón de ausubo. Emilia alza la cabeza asustada. Se incorpora a medias. Mira con espanto hacia la izquierda. Se levanta.)

EMILIA—Inés, Inesita. *(Da una vuelta, indecisa, perdida.)* Inés, Inés. ¿Oyes? Llaman abajo. *(Llamando.)* Inés, Inesita. *(Vuelven a oírse los golpes sobre el portalón. Emilia vacila una vez más.)* Vooy. *(Al fin se decide. Se dirige a la izquierda. Se detiene en el medio punto. Se vuelven a medias.)* ¿Inés? ¡Dios mío! *(Vuelven a oírse los golpes.)* Vooy. *(Sale izquierda.)*

(Breve intervalo, durante el cual se oyen los pasos de Emilia bajando por la escalera. En lo alto de la escalera que conduce a las habitaciones superiores, aparece Inés. Trae en sus manos una polvera grande de porcelana. Baja lentamente. Llega a la sala y se dirige a la puerta de la derecha. La abre y sale de escena cerrando la puerta tras de sí. Se oye la voz de Emilia, abajo, en el zaguán.)

EMILIA—¡No, no! No pueden entrar. Esta casa es nuestra. ¡No! Están equivocados. Esperen aquí. Llamaré a Inés. *(Llamando.)* ¡Inés! No contesta. Iré a buscarla. No, no pueden subir. Por favor, caballeros, me molesta el sol. No estoy acostumbrada. ¡Inés! Esperen. Iré a buscarla. ¡Dios mío, esperen aquí! *(Se oyen los pasos de Emilia en la escalera de entrada; el golpe recio de su pie lisiado sobre la madera de los escalones. Su voz jadeante, angustiada.)* ¡Inés! Inesita… *(Los pasos en la escalera, luego la puerta del vestíbulo que se cierra. La voz de Emilia se oye ahora en el vestíbulo.)* Ay, Inesita, corre, ven. ¡Inés! *(Entra a la sala jadeante.)* ¡Inés! *(Al ver que no hay nadie, grita, llorosa.)* ¡Por amor de Dios, Inés, dónde estás!

INÉS—*(Desde la habitación de la derecha.)* Emilia.

EMILIA—*(Corriendo penosamente hacia la puerta de la derecha, con voz desgarrada.)* ¡Inés!

(Entra Inés por la derecha.)

INÉS—Emilia, ¿qué ocurre? ¿Por qué gritas?

EMILIA—¡Estás aquí, Inés! ¡Ay, qué bueno que estás aquí, Inesita!

INÉS—Cálmate, criatura. ¿Por qué lloras?

EMILIA—Esos hombres...

INÉS—¿Quiénes? ¿Qué hombres?

EMILIA—*(Dominándose, logra hablar con voz entrecortada.)* Los que están abajo... Fui a abrir... Como tú no estabas... Y el sol me dio en la cara... Y hablaron de la casa... Les dije que estaban equivocados... Pero no tuvieron consideración... El sol, así, de frente...

INÉS—¿De qué casa hablaron?

EMILIA—La de la calle del Cristo, la de los soles truncos...

INÉS—¿Qué dijeron de la casa?

EMILIA—*(En voz baja, como en secreto.)* ¡Ya no es nuestra!

INÉS—¿Qué estás diciendo?

EMILIA—*(Alejándose de Inés, señalando a los soles de las tres puertas del fondo.)* La de los soles truncos... Ya no es nuestra... otra subasta, ¿sabes? Debíamos tantos, tantos años. ¡Otra vez el tiempo jugando suciamente! ¡Igual que la hacienda de Toa Alta! ¡Igual que Estrasburgo, que se la dio a Francia! Otra jugada sucia del tiempo. ¡Ya no es nuestra! Lo dijeron ellos, los emisarios del tiempo, Y será hostería de lujo, para los turistas, y los banqueros, y los oficiales de la armada aquella que bombardeó a San Juan. Ya no es nuestra casa. Ya no podremos combatir al tiempo, Inés. ¡Ya no tenemos casa!

INÉS—¿Están abajo esos hombres?

EMILIA—Sí. No los dejé subir. *(Animándose.)* Esperan por ti, Inés. Y tú sabrás lo que deba hacerse, como siempre. No está perdida nuestra casa, ¿verdad? *(Sacudiéndola por los hombros.)* Tú sabrás luchar. Te fingirás loca, como otras veces...

INÉS—*(Desprendiéndose de Emilia.)* No será necesario esta vez, Emilia. *(Cruza decidida hacia la izquierda.)* ¡Te lo juro! No será necesario. *(Sale por la izquierda.)*

EMILIA—*(Yendo hacia la izquierda.)* Eso es, Inés. Defiende tu casa. La casa de mamá Eugenia. De papá Burkhart. La de la nana negra que nos lloraba, y nos cantaba, y nos mecía, sin oponerse al tiempo. La de Hortensia y Emilia. La casa nuestra.

(Se oye la voz de Inés, abajo, hacia la izquierda, en el zaguán.)

INÉS—¡Fuera de esta casa! ¡Fuera de aquí!

EMILIA—*(Agarrándose al cortinón del medio punto.)* ¡Dios te bendiga, Inés! ¡Dios te bendiga!

INÉS—*(Su voz en el zaguán.)* Nadie tiene derecho a violar este recinto. *(Gritando furiosa.)* ¡No importa que los tiempos cambien! ¡El

tiempo de esta casa no es vuestro tiempo! Quemad esos papeles.
¡Cuidado! ¡No me toquéis!

EMILIA—*(Alarmada, va hacia el piano.)* ¡No lo permitas, Inés! Tus
uñas, recuerda tus uñas. Tus uñas largas con olor a tiempo. *(Como si
estuviera viendo a Inés luchar.)* Clávalas hondo. ¡Así! *(Clava las uñas en
el mantón de Manila que sirve de tapete al piano.)* Hasta que brote la
sangre. Y desaparezcan las sonrisas.

INÉS—*(Su voz fuera en el zaguán.)* ¡Fuera! *(Ahogada por la lucha.)*
Fuera de esta casa, he dicho. No hay ley que obligue a entregar la vida.
¡A nadie quiero aquí! ¡A nadie! ¡Fuera de mi casa! ¡Atrás! ¡Atrás!

EMILIA—*(Se mueve hacia una de las puertas del fondo. Al Inés decir:
«A nadie quiero aquí», empieza a hablar por encima de la voz de Inés,
pero sin ahogarla. Luego, cuando ya Inés ha concluido su último
«¡Atrás!», la voz de Emilia sube como si fuese continuación de la de Inés.)*
Golpea sin piedad, Inés. ¡Así! Con la misma furia con que golpeas la
vida. ¡Así! Contra la miseria, y los hombres, y el mundo. ¡Atrás! ¡Atrás!
(Golpeando la puerta del fondo.) Contra la vida y el tiempo, y la
muerte... *(La casa se estremece toda con el golpe del portalón que Inés ha
logrado cerrar en el zaguán. Emilia se queda inmóvil, con los puños
pegados a la puerta. Corto intervalo. Entra Inés por la izquierda,
jadeante, dando muestras de la escena salvaje que ella misma ha
Provocado. Emilia se vuelve lentamente.)*

EMILIA—Inés. ¡Has triunfado!

INÉS—No. El triunfo es de ellos.

EMILIA—*(Con voz ahogada.)* ¡Entonces, Dios mío, destruirán la
casa!

INÉS—Peor, Emilia. Conservarán la casa, profanándola. Ya no será
instrumento purificador de la culpa nuestra. Reconstruir, dicen ellos.
Como si tuvieran el poder del tiempo. Jugarán al pasado disfrazando
de vejez nueva la casa en ruinas de los soles truncos. *(Cruzando hacia
la derecha, sus ojos empiezan a fijarse en la gran mancha de agua que
hay sobre el empapelado de la pared, junto a la escalera.)* Y el tiempo de
ellos entrará en la casa, y la casa se llenará de voces extrañas que
ahogarán las palabras nuestras, todas las palabras de nuestras vidas. Y
sobre el dolor de Hortensia, y el tuyo, Emilia, y el mío, se elevará la
risa de los turistas, la digestión ruidosa de los banqueros, la borrachera
sucia de los que gritan...

EMILIA—¡No, Inés, no!

INÉS—En la hostería de lujo de la calle Cristo.

EMILIA—Entonces, ¿todo está perdido? ¿No hay nada que hacer?
(Pausa.)

INÉS—*(Señalando a la gran mancha en el empapelado de la derecha.)* ¿Ves esa mancha, Emilia? ¿Sabes lo que es?

EMILIA—*(Acercándose a Inés.)* Es la mancha que dejó el temporal de San Felipe. ¿Recuerdas? El viento destechó la sala...

INÉS—Es un mapa, Emilia. Un mapa dibujado por el tiempo.

EMILIA—Es cierto, Inés. Nunca pensé en eso. Es un mapa.

INÉS—*(Señalando.)* ¿Ves? Un mundo arriba: el de ellos. Otro mundo abajo: el nuestro. Y un istmo uniendo los dos mundos. *(Iluminada.)* ¡Es preciso destruir el istmo!

EMILIA—Eso es, Inés. Destruir el istmo. Pero yo... yo no sabría hacerlo.

INÉS—Lo haremos. ¿Tendrás valor?

EMILIA—Para hacer lo que digas, ¡todo el valor del mundo!

INÉS—Ven, has de jurármelo ante Hortensia. *(La lleva hacia la puerta de la derecha.)*

EMILIA—Lo juraré, Inés. También Hortensia tendría el valor. Estoy segura. *(Inés abre la puerta de la derecha.)* ¡Inés, qué hermosa la has puesto! *(Ambas salen de escena cerrando la puerta.)*

(Corto intervalo. Empieza a oírse lejana la música de la Canción de las Walkirias, de Wagner. Emilia entra por la derecha. Esta vez deja la puerta abierta, se vuelve para mirar al interior. Sonríe. Su rostro revela paz y alegría.)

EMILIA—Sí, Inés, tienes razón. Las tres debemos reunirnos aquí, en la sala, como siempre. *(Va al piano y enciende el quinqué, luego va a la consola y enciende las tres bujías del candelabro. Vuelve al piano y le da un toque a las flores. Abre la tapa posterior del piano, saca el cofre y lo coloca junto al florero. Viene al centro y mueve el sillón de Viena para dejar un espacio libre casi en el centro de la sala. Se aleja un poco hacia la izquierda para juzgar el efecto. Sonríe. Desde allí se vuelve hacia la puerta y grita.)* ¡Ya, Inés! ¡Ya!

(Empiezan a languidecer las luces del exterior y de la sala. Sube dramáticamente la música de Las Walkirias.)

(Por la puerta de la derecha aparece Hortensia. Viene tendida sobre un burdo ataúd de Beneficencia Municipal. El ataúd, sin tapa, está colocado sobre una camilla con ruedas. Hortensia luce galas nupciales. La cabeza, coronada de encajes y azahares, descansa sobre un gran cojín con funda elaboradamente bordada y calada. El vuelo del traje y el velo de encaje caen flotantes alrededor del ataúd casi ocultándolo. Inés se ha esmerado en el arreglo estético de todos los detalles, como si no hubiese

pensado en que la tapa habría de cubrir más tarde la caja burda. La muerte aquí se muestra como un sueño poético, no como una visión macabra.)

(Hortensia, muerta, tiene sesenta y ocho años. Las huellas del tiempo y el cáncer no han podido borrar del todo la pasada belleza de la más hermosa de las hermanas Burkhart.)

(Entra Inés. Viene empujando la camilla por la cabecera y va a colocarla cuidadosamente en el lugar que ha despejado Emilia. Un rayo de luz azul surge ahora sobre el féretro, ya inmóvil. Emilia se acerca a Hortensia. Baja la música de fondo.)

EMILIA—Qué hermosa está, ¿verdad?
INÉS—*(Sonriendo con dulzura.)* Como siempre.

(Emilia toma del piano el cofre que contiene su cuaderno de versos y va a depositarlo a los pies de Hortensia.)

EMILIA—*(Con tierna emoción.)* Mi corazón a tus pies, Hortensia.

(Una tenue luz purpurina empieza a iluminar la escena, por encima del rayo azul y la del quinqué y las bujías. Esta iluminación ideal no deberá nunca adquirir la intensidad que antes tuviera la luz natural en escena, la cual, junto a la luz exterior del fondo, ya se ha extinguido.)

(Emilia e Inés sonríen contemplando con ternura infinita el rostro de Hortensia. Emilia alza la vista hacia Inés.)

EMILIA—¿Ya, Inés?
INÉS—*(Sonriendo.)* No hay prisa, Emilia. Por esta vez el tiempo nos pertenece. *(Se dirige a la puerta y sale.)*

(Emilia se sienta en la butaca. Entra Inés con un joyero en las manos. Se dirige al féretro, rodeándolo para quedar al fondo del mismo. Coloca el joyero sobre el pecho de Hortensia. Lo abre.)

INÉS—Tu orgullo, Hortensia.

(Emilia se levanta deslumbrada.)

EMILIA—¡Inés, has conservado las joyas!
INÉS—Sólo las más queridas de Hortensia. Las conservé siempre. A pesar de la miseria y el hambre. Un último sueño para su orgullo. Lo único bello que no destruyó el cáncer. Antes de morir sonrió al mirarlas. *(Cambiando de tono.)* Y el abanico de mamá Eugenia, ¿recuerdas? *(Saca un diminuto abanico de nácar y encaje, del cual pende*

una larga y gruesa cadena de oro.) Es tuyo, Emilia. *(Le coloca la cadena al cuello de Emilia.)*

EMILIA—*(Acariciando con ternura el abanico abierto.)* Eugenia Sandoval de Burkhart.

INÉS—La sortija de perlas. *(Hace ademán de colocarla en un dedo de Emilia, pero ésta, prontamente, retira la mano.)*

EMILIA—No, las perlas no, que traen desgracia.

INÉS—*(Colocando la sortija en un dedo de Hortensia.)* Hortensia nunca le temió a las perlas. *(Saca una diadema de brillantes y zafiros.)* Ni a los brillantes.

EMILIA—¡La diadema de mamá Eugenia!

INÉS—La más hermosa de nuestras joyas. *(Coloca la diadema en la cabeza de Emilia.)*

EMILIA—*(Abrumada.)* Pero Inés...

INÉS—Hoy te pertenece, Emilia. *(Emilia se deja caer en la butaca. Bajo las luces tenues las joyas tienen fulgores fantásticos.)*

INÉS—*(Sacando la última joya del cofre: un anillo con un gran brillante.)* Y el anillo de papá Burkhart. De todas las joyas, la única que hoy para mí quiero. *(Se ciñe el anillo, cierra el joyero y va a colocarlo sobre el piano.)* Es hora ya, Emilia. *(La luz purpurina empieza a languidecer.)* Hora de que se consuma lo feo y horrible que una vez fuera hermoso y lo que siempre fuera horrible y feo, por igual.

EMILIA—*(Dándose aire suavemente con el abanico, digna y seria.)* Sí, Inés. Es hora.

(Inés toma el quinqué, se dirige a la escalera y sube. La música aumenta su volumen. Emilia sigue con la vista a Inés hasta que ésta desaparece. Entonces se levanta, va a la consola, toma el candelabro con las bujías encendidas y sale por la izquierda. Breve intervalo. Inés aparece en lo alto de la escalera con el quinqué. Baja. La luz purpurina ya se ha extinguido por completo. Cuando Inés va por la mitad de la escalera, se puede observar que, a sus espaldas, proviniendo de las habitaciones superiores, surgen reflejos rojizos. Al llegar Inés a la sala, entra Emilia por la izquierda. Se miran. Sonríen. Inés se dirige a la puerta de la derecha, que permanece abierta, y sale. Emilia se dirige a la consola y coloca allí el candelabro. Del vestíbulo empiezan a surgir reflejos rojizos. Emilia viene al centro, mira a Hortensia, sonríe y va a sentarse en la butaca Luis XV. Suavemente se da aire con el abanico. Los reflejos rojizos de la escalera se avivan y empieza a surgir humo de las habitaciones superiores. Entra Inés por la derecha. Viene sin el quinqué. Se dirige al féretro. De la habitación de la derecha que acaba de abandonar Inés empiezan a surgir reflejos

rojizos. Se avivan los reflejos de la derecha y empieza a surgir humo del vestíbulo. Inés mira a Hortensia y sonríe.)

INÉS—¡Purificación, Hortensia, purificación!

(Se avivan los reflejos de primer término derecha, y de la habitación empieza a salir humo. Al fondo, en el exterior de la casa empiezan a surgir reflejos anaranjados, cuya intensidad aumenta con rapidez hasta iluminar fantásticamente los soles truncos de las tres puertas cerradas. Emilia se pone de pie exaltada por la expresión de Inés.)

EMILIA—*(En grito alegre.)* ¡Inesita, el fuego te ha hecho hermosa! *(Se quita en gesto espontáneo la diadema y ciñe con ella la frente de Inés. La conduce a la butaca Luis XV, la hace sentar en ella y se arrodilla a sus pies.)* ¡Hemos vencido el tiempo, Inés! Lo hemos vencido. *(Besa con ternura la mano de Inés en la cual refulge extrañamente el brillante de papá Burkhart. Inés sonríe.)*

(La música de Wagner sube apoteótica. La sala toda es un infierno purificador.)

TELÓN LENTO

JORGE DÍAZ
(CHILE, 1930)

Jorge Díaz nació en Argentina en 1930 de padres españoles que lo llevaron a Chile a la edad de cuatro años. Díaz terminó sus estudios universitarios de arquitectura en 1955, y trabajó brevemente en su profesión. Atraído por el teatro, estudió en la Universidad Católica y en 1959, comenzó una nueva carrera con el grupo ICTUS. Participó primero como escenógrafo y actor y, más adelante, empezó a escribir piezas para el grupo, iniciándose formalmente como dramaturgo en 1961 con la representación de dos obras: un monólogo titulado *Un hombre llamado Isla* y la primera y abreviada versión de *El cepillo de dientes*. Jorge Díaz es el dramaturgo hispanoamericano que más se ha relacionado con la tradición del teatro del absurdo en el teatro. Sus inquietudes con las relaciones interpersonales y los problemas de comunicación le han llevado por un camino experimentalista. Al mismo tiempo, sus obras revelan una preocupación con los efectos deshumanizantes de la sociedad. Desde el comienzo se revela como autor sumamente original en su manejo del idioma, y sus juegos lingüísticos, el tiempo cíclico, el humor negro, los motivos musicales, y una insistencia en los problemas ontológicos y sociales que impiden la auto-realización. Estas en su mayoría son las características de una serie de sus obras montadas por ICTUS.

Réquiem por un girasol (1961) satiriza una sociedad donde los valores fundamentales se han perdido o invertido. Llena de humor negro, la pieza trata de la vida y muerte de Manuel, empleado en una casa de pompas fúnebres para animales domésticos. En un mundo donde los animales son más importantes que los seres humanos y la muerte más importante que la vida, Manuel *(Emanuel)* muere de hambre el día del nacimiento de su hijo. Una nota de esperanza se encuentra en el hijo que representa la reencarnación de su padre. *El velero en la botella* (1962) también se enfoca en la inversión de valores humanos y la falta de comunicación, en el sentido existencialista, en la sociedad contemporánea donde un joven mudo, hijo de un matrimonio absurdo y grotesco, reacciona contra el mundo de sus padres. *El lugar donde mueren los mamíferos* (1963) satiriza los valores burgueses de las instituciones de caridad que sólo se interesan por su propia existencia, ignorando las necesidades de la gente que supuesta-mente tienen que ayudar. Cuando se muere el único mendigo que les

queda, los gerentes dan con la solución perfecta a su dilema: embalsa-
man al pobre y lo entierran cada semana, fingiendo cumplir así con su
misión caritativa para con las clases indigentes. En *Variaciones para
muertos de percusión* (1964) puso énfasis en la excesiva comercializa-
ción de la vida moderna, y en *El nudo ciego* (1965) experimentó con el
uso de audífonos individuales en la sala dentro de una investigación
del caso de un homicida.

En 1965 Díaz se trasladó a Madrid para poder dedicarse a escribir
sin las preocupaciones administrativas y sociales que le circundaban en
Chile. En 1966 se estrenó en Madrid la versión definitiva de *El cepillo
de dientes* en dos actos. Sus obras de esta época se vuelven más
comprometidas y polémicas. *Topografía de un desnudo* (1966), obra
basada en un episodio verdadero, incorpora un mensaje sobre la
avaricia y la insensibilidad que permiten la destrucción de una *favela*
en Brasil. *Introducción al elefante y otras zoologías* (1968) critica la
pasividad de los latinoamericanos frente al imperialismo norteamerica-
no, una idea repetida en *Mear contra el viento* (1974), una denuncia a
la intervención de la ITT en el gobierno de Allende. *La vigilia del
degüello*, que lleva el subtítulo *El génesis fue mañana* (1970), se aparta
de esta tendencia sociopolítica presentando una visión grotesca y
apocalíptica del mundo después de una explosión atómica. Las
imágenes grotescas que incluyen una especie de Virgen María preñada,
muda y tal vez loca, no inspiran confianza en la posible re-creación del
mundo. Se cierra este ciclo en 1970 con *La orgástula*, una pieza seudo-
erótica escrita en un lenguaje inventado que suena al castellano y que
realza a nuevos niveles la obsesiva necesidad de comunicación.

En 1970 Díaz creó su propio grupo, El Teatro del Nuevo Mundo,
con la actriz chilena Magdalena Aguirre. El grupo viajó mucho, incluso
al extranjero, llevando piezas para niños y también obras con un
importante contenido político, como *Está estrictamente prohibido todo
lo que no es obligatorio* (1971) y *Americaliente* (1971). Fue un período
de fuerte protesta social contra los abusos de los sistemas autocráticos
que suprimen los derechos humanos. La caída de Allende y la muerte
de Neruda en Chile afectan profundamente a Díaz. La muerte de
Franco en 1975 abre un nuevo sentido de libertad en el teatro español
y coincide con el final del grupo de Díaz. Díaz, un hombre introvertido
que protege su estilo de vida solitario, adopta la ciudadanía doble
(española y chilena) y en los años siguientes se dedica a escribir obras
que corresponden a sus inquietudes sociopolíticas mientras otras son

más personales, domésticas e íntimas. *Mata a tu prójimo como a ti mismo* (1976) distorsiona el mandato bíblico en un juego en el que intervienen dos hermanas y un joven sadomasoquista. *Ceremonia ortopédica* (1976) continúa los aspectos ceremoniales y rituales de la violencia en una pieza que refleja los motivos constantes de Díaz: un interés en «la muerte y el sexo», es decir, los elementos que definen la vida.

En los años 80 Díaz, aunque no afiliado a ninguna posición política definida, sigue luchando contra todas las formas de opresión del individuo. Su obra más ambiciosa de este período es *Desde la sangre y el silencio, o fulgor y muerte de Pablo Neruda* (1984), obra que le pidió el Oxford Playhouse Theatre. Aprovechándose del marco de la obra escrita por Neruda sobre el famoso bandido Joaquín Murieta, Díaz logra captar los últimos meses en la vida del laureado Nobel, celebrando la gloria del poeta al mismo tiempo que transmite la angustia ante la inminente muerte a causa de un cáncer, y por otra parte, el dolor que le produjo la caída de Salvador Allende. Otras dos obras que reflejan el golpe militar son: *Canto subterráneo para blindar una paloma* (1981), que presenta un microcosmos de un mundo absurdo en el que cuatro mujeres sufren la tortura política en prisión por sus supuestas actividades terroristas; *Ligeros de equipaje* (1982) capta las angustias de una actriz, sobreviviente de la Guerra Civil en España y el golpe de Chile, en su monólogo antes del estreno de una nueva pieza teatral. Durante estos años Díaz estrena en Madrid hasta 1982 cuando escribe *Piel contra piel*, obra que parece ser una nueva versión de *El cepillo de dientes*. Los dos personajes sufren el periodo de crisis al que se enfrenta el ser humano cuando está alcanzando la madurez mientras buscan alguna alternativa al vacío que caracteriza sus vidas. En 1984 *Esplendor carnal de la ceniza* sintetizó las preferencias de Díaz por la vida en vez de la muerte a pesar de la violencia que nos rodea. En 1987 *Las cicatrices de la memoria* incorporó elementos de la tensión doméstica en una sociedad posfranquista, y en 1988 *Instrucciones para hacer una donación voluntaria* enfocaba la desesperación de un hombre que intenta salir de la pobreza y miseria al vender su sangre en una clínica.

En los años 90 Díaz sigue su ritmo normal de piezas nuevas. *El jaguar azul* (1993), escrita durante las celebraciones del Quinto Centenario, presenta la conquista del Nuevo Mundo con la historia de Diego Argote, por medio de una cómica ambulante, mezclando

imágenes imprecisas de la geografía, la religión, la Inquisición, y el
tiempo. En *Opera inmóvil* (1994) el gallinero insinuado subraya el
contexto de la deshumanización de personajes atrapados en un sistema
corrupto y opresivo. En la obra breve *Historia de Nadie* (1995) el
personaje con nombre «Nadie» es el que le va a solucionar todos los
problemas a un grupo de mendigos hambrientos. Se nota que Díaz
sigue encontrando ambientes y contextos adecuados para expresar sus
inquietudes sobre el mundo actual.

Otra de las características de Díaz es su afinidad a cambiar los
títulos de sus obras dramáticas. Por un problema de espacio, no se
pueden citar aquí todos los ejemplos que a menudo sirven para
confundir al estudioso y el bibliógrafo, pero basta mencionar el caso
de *El extraterrestre*, una pieza breve que se incorporó dentro de *Las
cicactrices de la memoria*, que fue la obra que ganó el codiciado premio
Tirso de Molina y que más tarde se tituló *Ayer, sin ir más lejos*. Además
de sus obras completas, Díaz está involucrado en escribir y montar
piezas para niños que, según él, es lo que le da más placer. Ha escrito
más de treinta obras, a veces en colaboración con Mónica Echeverría
y otros dramaturgos, que exhiben un fuerte contraste con el mundo
desencantado y hostil que describe para su público adulto. Su
fascinación con el teatro infantil está radicada en dos elementos: una
nostalgia por la juventud y el deseo de jugar, y la convención teatral
del «final feliz». Son piezas dinámicas, muchas veces con una figura
central folclórica o clásica que puede captar la mente y el corazón de
un público joven y entusiasta. Díaz dice que aborrece el teatro para
adultos y jamás asiste a los montajes de sus propias obras, mientras
que en constraste le fascina el teatro para niños.

La obra de esta colección, *El cepillo de dientes*, pertenece a su
primera época, y es una farsa hilarante que presenta un día cíclico en
la vida de un matrimonio joven. Para mostrar la falta de comunicación
y de valores espirituales vigentes en la sociedad contemporánea, Díaz
se vale de dos personajes, llamados simplemente «El» y «Ella» pero con
matices chistosos, en una situación totalmente dominada por intereses
comerciales y los medios masivos de comunicación. La intervención de
un tercer personaje (doblado por Ella) provoca una inversión total en
la escenografía y los papeles hombre-mujer que se han ido exponiendo.
Los aspectos metateatrales, con referencias directas al público, alcanzan
su máxima expresión cuando entran los tramoyistas para deshacer el
decorado. En este parque de atracciones con la música y el símbolo del

tíovivo, esta pareja (los «náufragos») encuentra sus fuerzas para sobrevivir otro día.

En el año 1994 Jorge Díaz regresa definitivamente a Santiago de Chile después de casi 30 años en Madrid. Durante su larga y prolífica carrera ha ganado muchos premios prestigiosos y honores en concursos nacionales e internacionales. En cada época ha mostrado una disposición a experimentar con diferentes modelos lingüísticos y sociales, siempre recurriendo a sus temas predilectos de la vida, el amor, el sexo, la violencia y la muerte. Ha luchado con valentía contra los sistemas represivos dentro de la sociedad que aplastan la voluntad y la creatividad humana, y se ha aprovechado del humor como rasgo permanente en la parodia o la expresión sardónica. A lo largo de su carrera ha logrado crear un impresionante cuerpo dramático traducido a varios idiomas y montado en los diversos escenarios del mundo.

LEON LYDAY
The Pennsylvania State University

GEORGE WOODYARD
University of Kansas

JORGE DÍAZ

EL CEPILLO DE DIENTES

O

NÁUFRAGOS EN EL PARQUE DE ATRACCIONES

«Quítese esa máscara y SONRÍA con el nuevo dentífrico...»
(Anuncio de un periódico)

PERSONAJES

ELLA
ÉL
ANTONA
UNA VOZ

ACTO PRIMERO

(Cuando se han apagado las luces de la sala, pero antes de abrirse las cortinas, se escuchará una música melancólica interpretada en arpa y que debe recordar vagamente la música de un tiovivo. Esta música se escuchará en varios momentos de la obra. Debe ser un fragmento tierno, simple, sugerente. Las cortinas se abren. Sala-comedor de un pequeño departamento moderno.

La mitad izquierda tiene muebles antiguos, estilo español, y la mitad derecha tiene muebles de estilo danés, de diseño ultramoderno.

Entre los muebles del lado izquierdo hay una mecedora y un gramófono antiguo de inmensa bocina. Sobre los muebles álbums de discos viejos de 78 r/m.

Entre los muebles del lado derecho hay una butaca de piel de cabra y una lámpara de pantalla aerodinámica.

Actuando de bisagra entre ambos ambientes hay una mesa redonda cubierta con un mantel de felpa que llega hasta el suelo y oculta completamente sus patas. Dos sillas. Este es el campo neutral donde se desarrolla todos los días la batalla del desayuno matrimonial.

Sobre la mesa se destaca una radio de transistores con una antena. Un momento la escena vacía. Se escucha un fragmento de radioteatro proveniente del transistor.)

VOZ DE ELLA—¡Mi amor, despierta!... ¡Mira que bonito se ve el Parque de Atracciones! ¡El día está maravilloso!

VOZ DE ÉL—¡Tú también estás maravillosa! *(Besos apasionados.)*

VOZ DE ELLA—¿Cómo podemos sobrevivir?

VOZ DE ÉL—¿A qué?

VOZ DE ELLA—A este cariño tremendo.

VOZ DE ÉL—¡Somos fuertes!

VOZ DE ELLA—¡Invulnerables!

VOZ DE ÉL—¡Inseparables! *(Nuevos besos apasionados.)*

(Entra ELLA. Joven y bonita. Viste un pijama de seda sobre el cual lleva una bata. Zapatillas de levantarse. Trae una bandeja. Debajo del brazo un periódico y una revista. Deja todo sobre la mesa. Al hacerlo se le cae descuidadamente un tenedor. Busca otra emisora en el transistor. Deja de escucharse en ese momento la música de «Jazz». Satisfecha, sigue el compás con el cuerpo y sale nuevamente hacia la cocina.

Un momento la escena vacía. El «Jazz» se escucha muy fuerte.

ELLA vuelve a entrar. Esta vez con la cafetera y la leche. Las deja sobre la mesa. Da los últimos toques a la mesa del desayuno. Sólo ahora observa que uno de los dos tenedores está en el suelo. Lo recoge y se lo queda mirando fijamente.)

ELLA—Anoche... sí, anoche soñé con un tenedor. Bueno, eso no tiene nada de raro. Debe ser un símbolo sexual inconsciente... *(Arrugando el ceño.)* Pero lo raro era que el tenedor decía que quería ser cuchara. El pobre tenía complejo de cuchara... de cuchara de postre. ¡Wa! ¡Ah! Yo no sé por qué soy tan complicada. El psiquiatra tampoco. Me dijo que hablara en voz alta por las mañanas, que eso era bueno para la salud mental. Sirve para desintoxicarse después de la noche. «Imagínese —me dijo— que está sola en un escenario iluminado, frente a grandes personalidades que la están mirando y a usted no le importa nada, nada, nada. Bien, nada. Ahem...» *(Se dirige con soltura y desinhibición al público desde la desembocadura del escenario.)* «¡Excelentísimo señor presidente, excelentísimo ministro consuetudinario, miembros del Cuerpo Diplomático y de otros cuerpos, señorita Agregada Escultural!... ¡Oh, monseñor!...» *(Hace una genuflexión. Repentinamente se pone a cantar con energía y sin la menor inhibición un fragmento de «Madame Butterfly». Desde el baño llega el inconfundible ruido de una persona haciendo gárgaras. ELLA trata de acallar el ruido cantando más fuerte y echando miradas furiosas hacia el baño, pero, finalmente se interrumpe y en forma rencorosa señala hacia el dormitorio.)* Vivo, vivo con un hombre. Por lo menos todos llaman así a ese ser de pies grandes que hace gárgaras en los momentos más inesperados, la noche de bodas, por ejemplo.

Oh, yo soy su mujer. Eso quiere decir que debo ser femenina. Lo que no es fácil. Hay que sentirse débil, poner los ojos brillantes para que el ser de los pies grandes la proteja a una; ah, y también debo ser atractiva. No puedo permitir que me crezca bigote ni que se me caigan los dientes. Además debo recordar que los ravioles ensanchan las caderas y los espárragos achican el busto. *(Dando un gran suspiro.)* Ah, pero la verdad, la verdad es que estoy cansada, terriblemente cansada de ser la esposa femenina de ese animal masculino que se rasca, pierde el pelo sistemáticarnente y, oh, ¡y canta tangos pasados de moda!... *(Soñadora.)* Oh, quisiera... quisiera engordar, fumar un puro, o enviudar de una manera indolora y elegante.

El monólogo, como psicoterapia, también sirve para que a una se le ocurran ideas, bueno, ideas inocentes como... enviudar sin anestesia.

Hoy, como todos los días, tengo preparadas algunas sorpresas. Para empezar, el café no es café. No. Tampoco es nescafé. Es veneno. Veneno con gusto a café descafeinado.

Las tostadas... parecen tostadas, ¿verdad?, nadie diría que no lo son. Bueno, en cierto modo lo son, pero las tosté con gas de hidrógeno que producen efectos fatales al ser digeridas. *(Encantada.)* ¡Ah... y el azúcar! El azúcar tiene un poco de raticida granulado. Esto último es un virtuosismo de especialista que muchos considerarán exagerado, pero que es propio de mi sentido de la responsabilidad.

(Se oye un canturreo que proviene del dormitorio.)

ÉL—¿Dónde dejaste mi corbata, Marta?

ELLA—*(Con una sonrisa siniestra.)* ¡Es hora de actuar! Sh, sh. *(Gritando hacia el dormitorio.)* ¡Hijito, está servido el desayuno! *(ELLA se sienta y empieza a poner mantequilla a una tostada. Pausa. Más fuerte.)* ¡Está servidoooo el desayuno!

(Entra ÉL terminando de arreglarse la corbata. Lleva la chaqueta en la mano. Parece tener prisa. ELLA aumenta el volumen en el transistor, que sigue transmitiendo «Jazz». ÉL se sienta y abre el periódico. El «Jazz» se escucha muy fuerte. ÉL deja el periódico y le habla a ELLA, pero sólo se ve el movimiento de sus labios porque la música impide oír lo que dice. Este juego monologal del que no se escucha una palabra dura un rato.)

ELLA—*(Gritando.)* ¿Qué dices? ¡No oigo nada!

ÉL—*(Gritando.)* ¡Que cortes esa radio!

ELLA—*(Gritando.)* ¡Egoísta!

(ELLA se pone un audífono en un oído y lo conecta al transistor. La música deja de oírse. Ahora las voces son normales.)

ÉL—El veneno, por favor. *(ELLA no lo oye.)* Un poco de café, querida. Sst, ¿qué dice? sst. *(ELLA lo hace callar con un gesto. Evidentemente está concentrada en lo que escucha a través del audífono.)*

ELLA—*(Con tono misterioso.)* Es el pronóstico.

ÉL—¿De qué?

ELLA—*(Casi confidencial.)* Del tiempo.

ÉL—*(Un poco irritado.)* ¿Y qué dice?

ELLA—¿Ah?

ÉL—¿Qué dice?

ELLA—*(Escuchando primero.)* «Nubosidad parcial en el resto del territorio...»

ÉL—*(Asombrado.)* Oh, oh, ¿será posible?
ELLA—Sí, sí, parece increíble, ¿no?, pero es cierto.
ÉL—Sírveme el café, querida. *(ELLA toma la cafetera, pero en vez de servir café empieza a seguir con ella el compás de una música que se adivina por la cara absorta y los ojos en blanco. ÉL, distraído con el periódico, no se ha dado cuenta de que no le ha servido café. Revuelve tranquilamente en su taza vacía.)* ¿Qué estás escuchando ahora?
ELLA—«Desayuno en su hogar». Consejos para comenzar la jornada. *(Escucha primero y luego habla.)* Hoy es el feliz aniversario de la revolución sangrienta de octubre... Empecemos, pues, la jornada con optimismo y energía... Respiremos hondo... Ah *(ELLA respira hondo.)* ...y digamos: «Hoy puedo hacer el bien a mis semejantes...»
ÉL—*(Que no la ha escuchado.)* Sírveme el desayuno.
ELLA—«Pensando en los demás nos libraremos de nuestras propias preocupaciones. Y ahora, te levantas y
...uno, dos, tres, cuatro...
...uno, dos, tres, cuatro...
...uno, dos...

(ELLA se pone de pie y empieza a mover la cabeza en forma rotatoria y luego echa los hombros hacia adelante y hacia atrás y mueve las manos como epiléptica.)

ÉL—*(Alarmado.)* ¿Te sientes bien?
ELLA—Uno... dos... tres, cuatro, uno, dos...
ÉL—*(Golpeando la mesa y lanzando un grito.)* ¡El café!
ELLA—*(Sobresaltada.)* Gimnasia de relajación es a ti que te hace falta. Escucha, la mejor gimnasia de relajación es el revolcarse por el suelo, primero sobre la nalga derecha y luego sobre la nalga izquierda. ¡Oy!, tiene que ser delicioso... ¿Quieres probar?
ÉL—Quiero probar el café. ¡Sírvemelo inmediatamente, que estoy atrasado! *(ELLA da un suspiro y se saca los audífonos.)*
ELLA—Bien, hoy puedo hacer el bien a mis semejantes... ¿Hijito, quieres leche?...
ÉL—¡No me llames hijito!... Y menos cuando me ofreces leche. Es repugnante.
ELLA—Te gustaba hace poco.
ÉL—¿La leche?... Por supuesto.
ELLA—*(Mohína.)* Te gustaba que te llamara así.
ÉL—Eso fue hace años, cuando nos casamos; pero ahora he crecido... y he envejecido.

ELLA—Bueno, ¿y cómo quieres que te llame entonces?

ÉL—Por mi nombre.

ELLA—Lo olvidé completamente, pero estoy segura que terminaba en o... Bueno, tienes que apuntármelo hoy día sin falta en la libreta de teléfono. *(ELLA de pronto levanta la vista y mira hacia el público. Se sobresalta.)* ¡Cierra las cortinas que nos están mirando!

ÉL—Es que nos gusta. Somos exhibicionistas para... Y aprovechando la oportunidad voy a decir algunas palabras... *(Directamente al público.)* Como presidente del Partido Cristiano Familiar Unido, he reiterado en muchas ocasiones que la madurez cívica se expresará repudiando a los demagogos profesionales. Así se robustecerá aún más nuestro sistema de convivencia que es el reflejo del científico sistema de convivencia individual y familiar...

ELLA—*(Interrumpiéndolo y leyendo en la revista femenina.)* «Aplique al matrimonio técnicas nuevas...»

ÉL—*(Indiferente.)* ¿Divulgación erótico-científica?

ELLA—Capricornio.

ÉL—¿Qué?

ELLA—Capricornio.

ÉL—¿Qué?

ELLA—Capricornio. Es el horóscopo. Mi signo es Capricornio: «Aplique al matrinionio técnicas nuevas. El amor conyugal no debe ser ciego. La lucidez mental no le hace mal a nadie. Usted está capacitada para desarrollar un activo intercambio social. El primer día de la semana estará brillante e imaginativa...» *(Encantada con el descubrimiento.)* ¡Hoy estoy brillante e imaginativa!

ÉL—*(Leyendo.)* «Por viaje al extranjero, vendo muebles de comedor muy finos, camas y colchones».

ELLA—*(Que no ha levantado la vista de la revista.)* Ah, no sabía que te ibas al extranjero, pero los colchones no permitiré que los vendas por ningún motivo. El comedor me da lo mismo.

ÉL—*(Distraído.)* A mí también. Dejaremos los colchones... *(Reaccionando.)* Pero si yo no voy a viajar.

ELLA—Ah, pensé que te ibas de casa.

ÉL—¿Por qué dices eso?

ELLA—Bueno, últimamente estás haciendo cosas muy sospechosas... Por ejemplo, ayer te cortaste el pelo.

ÉL—Fue un error. Entré creyendo que era una farmacia. Lo peor de todo es que me lo dejaron demasiado corto.

ELLA—*(Sin levantar la vista de la revista.)* A ver... No, no, no, no, no. A mí me parece que está bien.

ÉL—*(Aliviado.)* Me quitas un gran peso de encima.

(ÉL vuelve a enfrascarse en su diario.)

ELLA—¿Cuál es tu signo?

ÉL—Una maquinita...

ELLA—¿Qué?

ÉL—¡Qué ingenioso!: «Una maquinita, apenas del tamaño de una caja de zapatos, especial para cortarse las uñas sin tijeras...» Hmm...

ELLA—No, no, no, no, no, ¡tu signo astral!... Ah, ya sé: Sagitario, Sagitario, Sagitario, los nacidos entre el 1º de enero y el 31 de diciembre... «Se le reprochará estar distante. Es verdad que el cielo no favorecerá sus sentimientos, pero usted puede aportar mayor pesimismo. Semana beneficiosa para arreglar litigios en suspenso. Existe peligro de superficialidad espiritual, frivolidad, y engreimiento. Pensamientos depresivos oscurecerán su rostro...» *(Dejando de leer.)* A ver, mírame, mírame, mírame...

(ÉL tiene su rostro enteramente cubierto con el periódico. ELLA hace esfuerzos por verle la cara.)

ÉL—*(Leyendo el periódico y sin mostrar la cara.)* «Masacre en el Vietnam».

ELLA—¿Qué?

ÉL—«Masacre en el Vietnam».

ELLA—Esa película es de reestreno, está pésimamente doblada. ¡Me encantan las películas de guerras. Son tan instructivas.

ÉL—*(Bajando el periódico y mostrando la cara.)* Sí, pero le están dando demasiada publicidad a estas películas. Y uno ni siquiera se entera de lo que sucede en el mundo. *(Tomando la mantequillera.)* ¿Quieres más café? ¿Mantequilla?

ELLA—*(Con rencor.)* Ah, lo dices a propósito para martirizarme. Sabes que eso me engorda.

ÉL—Es que no comes científicamente. Eso es todo.

ELLA—Ah, tú lo sabes todo. Comes científicamente, pero se te saltan los botones del pantalón.

ÉL—¿Sabes cuál es el animal más fuerte y mejor alimentado?... La hiena. Supongo que no será necesario que te explique lo que come; come carne podrida al igual que las demás fieras porque así ya está medio digerida. Así es como se mantienen fuertes y sonrientes las hienas.

ELLA—¿Se te ocurre que todo esto tiene algo que ver conmigo?

ÉL—Todo depende del punto de vista.

ELLA—*(Leyendo en la revista femenina.)* Oh... «Los huevos y vuestro hígado» o «La importancia de los huevos en la vida de la mujer».

(De pronto, ÉL, que también se ha enfrascado en el periódico, lanza una exclamación.)

ÉL—¡Por fin!

ELLA—¿Qué te pasa?

ÉL—*(Leyendo.)* «Señorita extranjera, francesa, necesita alquilar pieza amueblada con desayuno». *(Se levanta con rapidez y va hacia el teléfono.)*

ELLA—¿La conoces?

ÉL—*(Con el teléfono en la mano y empieza a marcar.)* No, pero pensé que podríamos arrendarle la pieza de los alojados.

ELLA—Sabes perfectamente que no tenemos pieza de alojar.

ÉL—¿Y si pusiéramos una cama en el escritorio?

ELLA—Sabes perfectamente que no tenemos escritorio.

ÉL—¿Y si pusiéramos un biombo en nuestro dormitorio?

ELLA—Es demasiado chico.

ÉL—¿Y en nuestra propia cama?

ELLA—Pero, si apenas cabemos nosotros.

(ÉL cuelga el teléfono y se sienta nuevamente a la mesa.)

ÉL—Es verdad. Aunque no puedes negar que habría sido un ingreso extra. ¡Claro que tú siempre te opones a disminuir los gastos! *(Soñador.)* Además... ¡era francesa!

ELLA—¿Y qué tiene que ver que sea francesa?

ÉL—*(Confuso.)* Bueno... Francia es todo... lo desconocido. Lo que uno siempre ha soñado. Es el país de los tam-tam, las criadillas al jerez, las flores de loto.

ELLA—*(Seca.)* Oh, no, no, no. No armonizaría con nosotros. Nuestros muebles están en la línea danesa.

ÉL—Esos serán tus muebles. Los míos son de estilo.

ELLA—¡Arcaico!

ÉL—¡Antiséptica!

ELLA—¡Morboso!

ÉL—¡Escandinava!
ELLA—¡Qué!

(Silencio corto. ÉL bebe su café.)

ELLA—*(Siniestra.)* El café no está como todos los días, ¿verdad?
ÉL—*(Abatido.)* Teresa, cuando acabas de levantarte das miedo. ¿Es que ni siquiera alcanzas a lavarte la cara?
ELLA—Por favor, no nos pongamos románticos, cariñito. Acuérdate que hoy es mi día de lucidez mental, según mi horóscopo.
ÉL—Entonces es quizás el momento de hablar con honestidad y sin hipocresías.
ELLA—¡Oh!...
ÉL—*(Decidiéndose.)* Tengo que decirte algo que me tortura.
ELLA—Sí, sí, sí, sí. *(Comiendo con la boca llena y leyendo su revista.)* Estoy pendiente de tus palabras.
ÉL—Hace días que pienso en esto sin parar. Tal vez resulte chocante confesarlo pero... estoy decidido.
ELLA—Bueno, sea lo que sea, seré indulgente.
ÉL—*(Buscando las palabras.)* Es verdad que somos marido y mujer y que me he acostumbrado a vivir contigo. Todo parecía estar bien, pero sin embargo, un día cualquiera, algo surge en tu camino que lo transforma todo. Al principio, uno, claro, lucha y se resiste. Nada debe turbar la paz que se ha conseguido, pero al final el sentimiento triunfa y te encuentras atrapado. *(ÉL se ha sentado en la mecedora.)*
ELLA—Bueno, dilo de una vez.
ÉL—Creo...
ELLA—¿Sí?...
ÉL—Creo que estoy empezando a enamorarme.
ELLA—*(Conmiseración.)* Oh, pobre.
ÉL—Créeme que me he resistido hasta lo último.
ELLA—¿Y de qué mujerzuela, se puede saber?
ÉL—¡No la llames así!
ELLA—¿Por qué? ¿De quién te has enamorado?
ÉL—*(Vacilante.)* De... ti.
ELLA—¡Qué tontería!
ÉL—No es una tontería. Cuando caminamos del brazo por la calle te miro de reojo. Es completamente estúpido, pero me gustas mucho.
ELLA—¡Vicioso! ¿No te da vergüenza enamorarte de tu propia mujer? ¡Rebajarme hasta ese punto! Olvídalo que yo también lo

olvidaré. (*ELLA empieza a acunarlo moviendo la mecedora. ELLA canta una canción de cuna. ÉL parece un inválido o un niño pequeño.*)
ÉL—(*Sincero.*) Me costará olvidarte.
ELLA—Ah, piensa en otra cosa, hijito, piensa en otra cosa.
ÉL—(*Con cara estúpida.*) ¿En qué?
ELLA—En cualquier cosa... en la vecina gorda.
ÉL—Ya pensé en ella anoche, mientras me desnudaba. Ya he pensado en todas las cosas que hemos escogido para hoy.
ELLA—Bueno, entonces piensa... en el colesterol.
ÉL—¿Y qué es el colesterol?
ELLA—Un... un insecticida.
ÉL—Pero si viene en «shampoo».
ELLA—Ay, si viene en «shampoo» entonces es para el dolor de cabeza.
ÉL—(*Pensando en forma concentrada.*) ¡Colesterol! ¡Colesterol!... (*Levantándose de la mecedora desanimado.*) Ah, es inútil. Tú eres para mí mucho más importante que el colesterol. Eres diferente. ¡No eres como todas!
ELLA—(*Leyendo en la revista femenina.*) «Ah, ¿es usted como todas... sin iniciativa? Siga el ejemplo de Dora Zamudio; hasta hace poco modesta empleada en una corsetería, gana hoy tres mil escudos mensuales como laboratorista en cálculos biliares. Nuestro sistema la capacita para progresar y ser alguien. He aquí la lista de nuestros cursos: Control mental, Respiración vibratoria, Elocuencia sagrada, Inseminación artificial, Personalidad radial, Taquigrafía plástica, Inglés al tacto, Recuento hormonal. ¡Y 35 especialidades femeninas! ¡El destino es para la mujer independiente! ¡Inscríbase hoy mismo!» (*Reflexiona.*) Me gusta, me gusta el curso de Control mental. Ay, yo puedo concentrarme extraordinariamente. Ayer saqué tres crucigramas en misa de doce... Concéntrate tú también para que me transmitas tus pensamientos...

(*ELLA cierra los ojos en forma patética, como una médium. ÉL, sin advertirlo, mira fijamente al público y habla en forma desolada.*)

ÉL—Señor director, hace tiempo que quería dirigirme a usted para manifestarle el desconcierto que me produce el pasar frente al parque, el sector comprendido entre la plaza y la estación. He notado con creciente temor que día a día desaparece algo. Hoy es el buzón, mañana la rejilla del alcantarillado o un árbol, pero sobre todo, señor director, están desapareciendo esas parejas de enamorados que daban esos inmorales ejemplos. ¡Es una lástima! Me dirijo a usted para que haga llegar mi voz a las autoridades.

ELLA—*(Aún con los ojos cerrados y haciéndole callar con una voz de médium.)* Haré lo que pueda, haré lo que pueda, pero... no me llames señor director.

ÉL—*(Volviendo a la realidad.)* Sírveme el desayuno.

(ELLA, al moverse de sitio, ha conseguido ponerse detrás de ÉL y coloca sus manos extendidas sobre la cabeza de ÉL, como si fuera una bola de adivina.)

ELLA—*(Aún con los ojos cerrados.)* ¡Cochino!... Ahora veo claro. ¡Sí, ahora veo por qué querías alojar aquí a la francesa!

ÉL—*(Leyendo.)* «Monito tití, muy habilidoso, especial para donde hay niños, vendo...» Podríamos tener niños, Consuelo. Se podrían comprar cosas tan divertidas. Imagínate tener un monito tití. Tendremos que pensar en eso cuando decidamos no tener niños.

ELLA—*(Indiferente.)* Sabes perfectamente que no me llamo Consuelo. *(Abriendo los ojos.)* Oh, ese curso de Control mental no es mi fuerte. Me marea. Pero seguiré otro curso por correspondencia. Hoy en día una puede hacerse hasta la... hasta la cirugía estética por correspondencia.

ÉL—*(Ofreciendo.)* ¿Más café, querida?

ELLA—Con dos terrones, por favor.

ÉL—¿Con crema o sin?

ELLA—Ah, eso es en las películas, mi amor.

ÉL—¿Qué cosa?

ELLA—La crema.

ÉL—¿Qué crema?

ELLA—La que me ofreciste antes.

ÉL—¿Yo? ¿De qué estás hablando?

ELLA—De la crema.

ÉL—¿La crema para la cara?

ELLA—Pero, ¿de qué cara? Si yo no uso crema.

ÉL—Yo tampoco.

ELLA—¿Y la de afeitar?

ÉL—Eso es jabón.

ELLA—Pero muy bien que te sirve.

ÉL—Bueno, de servir, sirven... como las arañitas en el jardín.

ELLA—¿Para qué?

ÉL—Se comen a los insectos dañinos. ¿No lo sabías?

ELLA—No, no, nadie cree en eso... es como las ventosas.

ÉL—¿Qué tienen que ver las ventosas con el jardín?

ELLA—Muy simple. ¿De qué estábamos hablando?

ÉL—No sé.

(Los dos comen un momento silenciosamente. ELLA, de pronto, da un grito.)

ELLA—Aieee... ¡Era acerca del jabón de afeitar!

ÉL—¿Qué cosa?

ELLA—De lo que estábamos hablando antes.

ÉL—No creo. Es un tema idiota. *(Un silencio tenso. ELLA en su revista. ÉL en su periódico.)*

ELLA—*(Leyendo.)* «Ideas novedosas para esta semana: ¿qué hacer con esta incómoda guardilla que nadie ocupa? *(ELLA se pone de pie y mira despectivamente el rincón con los muebles estilo español.)*

ÉL—*(Leyendo.)* «Ocasión única. Vendo por viaje...»

ELLA—*(Continuando con lo anterior.)* «...basta ingenio, tres rollos de papel y un tarrito de esmalte...»

ÉL—*(Mirando los muebles de ELLA.)* «...muebles de comedor nórdicos... Muy finos».

ELLA—«Empecemos por quitarle las telarañas...»

ÉL—«...una radio a pilas de frecuencia inmoderada y un cajón de sopa en polvo».

ELLA—*(Repentinamente lúgubre.)* ¡Polvo somos y en sopa en polvo nos convertiremos!... ¿Tienes algo grave sobre tu conciencia?

ÉL—*(Sin levantar la vista del periódico.)* No, pero tengo en el Consultorio sentimental cartas para «Madre afligida» y «Flor silvestre»... «¿Quieres vivir intensamente junto a un alma tierna? Escríbeme a Correo Central. Ojalá seas apasionada, independiente, sin prejuicios, con buena situación económica y buen físico. Fines absolutamente serios y apostólicos. La saluda lleno de ansiedad, *Lucho solo*».

ELLA—*(Con sencillez.)* Yo firmo siempre: «Esperanzada».

ÉL—Usted no tendrá prejuicios, ¿verdad?

ELLA—¿Me hace esta pregunta con fines serios?

ÉL—*(Triste.)* Soy un Lucho solitario.

ELLA—Por el momento no puedo contestarle nada, pero... escríbame a Correo Central.

ÉL—Es una buena idea. Me gustaría conocerla.

ELLA—Diríjala simplemente a «Esperanzada».

ÉL—*(Escribiendo en un papel.)* Ay, «Esperanzada»: desconociendo su nombre me veo en la obligación de imaginármelo todo. Su aviso ha sido un grito en medio de mi rutina gris. Tengo la impresión de que nos complementaremos para siempre. Si tiene algún defecto físico visible o alguna enfermedad visible, le ruego me lo haga saber. Es imprescindible enviar foto. Yo, tímido, pero dicen que simpático y sin compromisos. La saluda lleno de ansiedad, *Lucho solo.*

(Ambos están de cara al público. ÉL dobla la carta y se la desliza a ELLA subrepticiamente, como haciendo un acto inmoral. ELLA la toma de la misma forma. La lee ansiosamente y luego ambos dialogan sin mirarse, como separados por una gran distancia.)

ELLA—No quiero aventuras. Busco un alma gemela.

ÉL—Soy un industrial extranjero que quiere echar raíces.

ELLA—Prometo comprensión.

ÉL—Reunámonos pronto.

ELLA—No soy mujer de un día.

ÉL—Tengo cultura casi universitaria.

ELLA—Oooh, hay tanto melón podrido en el mundo.

ÉL—Le prometo absoluta discreción.

ELLA—¿Y cómo nos encontraremos?

ÉL—Yo estaré con la cabeza inclinada frente a la tumba del soldado desconocido.

ELLA—*(Con angustia.)* ¿Y si no nos reconocemos jamás?

ÉL—¡Llevemos una señal inconfundible!

ELLA—Yo... yo llevaré una orquídea que masticaré disimuladamente.

ÉL—*(Con entusiasmo.)* ¡Y yo lo dejaré estacionado en dirección opuesta!

ELLA—¿El qué?

ÉL—Mi abuelo paralítico.

ELLA—*(Intensa.)* ¡Oh, escríbeme a Correo Central!

ÉL—*(Intenso.)* ¡Escríbeme a Correo Central! *(Después de una pausa y rompiendo el clima de intensidad romántica, ÉL arruga la hoja del periódico y la tira al suelo con desesperación.)* Es inútil. El diario no es de hoy. Es de pasado mañana...

ELLA—*(Arrugando la carta y tirándola al suelo.)* ¡Ah, si la hubiese contestado ayer!...

ÉL—¡Ah, si pudiésemos alquilarle a alguien la pieza de alojados!

(ÉL se desplaza distraídamente por el escenario. Se encuentra con el gramófono y acaricia suave y largamente la enorme bocina. Tararea casi para sí el inicio del tango Yira-yira, y luego canta suavemente los dos versos.)

ELLA—¡Ay, hmm qué espanto!

ÉL—:

«Buscando un pecho fraterno
para morir abrazao...»

(Con un disco viejo en la mano, ÉL le habla a ELLA.)

ÉL—¿Bailamos este tango, nena?... Para los dos solamente.

ELLA—Obsceno.

ÉL—¿Y por qué?

ELLA—El tango no es un baile. Es casi una cosa fisiológica.

ÉL—Y Gardel ha muerto. No nos verá nadie.

ELLA—No eches tierra sobre tu conciencia. Hay un gran ojo que nos está mirando.

ÉL—*(Suplicando.)* ¡Hacelo por mí, nena!

ELLA—Y lo único que puedo hacer por vos es guardar un minuto de silencio.

ÉL—*(Cantando suavemente y desilusionado.)*

«No esperes nunca una mano,
ni una ayuda,
ni un favor...»

(ÉL se sienta de nuevo a la mesa. Pausa larga. ELLA le observa fijamente.)

ELLA—Te escuchan. *(Muy cariñosa.)* Amorcito...

ÉL—¿Sí, mi amor?

ELLA—Por favor.

ÉL—...hmm.

ELLA—Fíjate un poco más.

ÉL—¿En qué?

ELLA—No ensucies el mantel.

ÉL—¡No me lo digas todos los días!

ELLA—*(Subiendo el tono.)* ¡No hagas ruidos al comer!

ÉL—¡No hagas sonar la cucharilla!

ELLA—¡No mojes el azúcar!

ÉL—¡No frunzas las cejas cuando muerdes las tostadas!

ELLA—¡No arrastres los pies!

ÉL—*(Gritando.)* ¡No leas en la mesa!

ELLA—*(Gritando.)* ¡No me grites!

ÉL—¡No me escupas!

ELLA—*(Aullando.)* ¡No voy a permitir groserías en mi propia casa!

ÉL—*(Aullando.)* ¡Yo no voy a permitir que me humilles delante del perro!

ELLA—¿De qué perro me estás hablando? *(Ya no se les entiende nada porque gritan a la vez sin darse respiro. Casi ladran. Bruscamente ambos se callan. Ahora bruscamente inician los gritos simultáneos y vuelven a callarse. Silencio cargado de tensión. Cada uno se enfrasca en su lectura. Leyendo.)*

ÉL—¿Qué?

ELLA—Nada.

ÉL—…«Jaulas individuales, las mejores con bebederos irrompibles Rosatex».

ELLA—*(Molesta.)* No necesitamos eso.

ÉL—Quizás sí.

ELLA—¿Lo dices por nosotros?

ÉL—*(Candoroso.)* Pensé que sería bueno que tuviéramos huevos frescos en la casa.

ELLA—¿Y qué tienen que ver las jaulas?

ÉL—He oído decir que los huevos se sacan de allí.

ELLA—¡Pero, hijito, qué no sabes que las gallinas!…

ÉL—*(Gritando enfurecido.)* ¡No me llames «hijito» o me hago pipí aquí mismo!

ELLA—*(Picada.)* Podrías comprarte una de esas jaulas para ti.

ÉL—*(Picado.)* Estaría seguramente ocupada por tu madre que necesita urgentemente una.

ELLA—*(Furiosa.)* ¡Grosero! ¡Límpiate la boca antes de hablar de mamá!

ÉL—Eso es exactamente lo que tendría que hacer, pero después de hablar de tu mamá; sólo que esta mañana no pude encontrar mi cepillo de dientes.

ELLA—En ciertas comidas… Dentol después de las comidas. *(Sonriendo en forma automática.)* «¡El dentífrico con gustito a *whisky* escocés!» «Yo, como Susan Hayward y miles de artistas de Hollywood, sólo uso… ¡dentadura postiza!»

ELLA— Y ÉL—*(Al unísono cantan un* jingle):

«Un centímetro basta
en cepillo familiar,

con la misma pasta
da mucho más, más, más...»

ÉL—*(Reaccionando.)* ¡Sólo dije que no pude encontrar mi cepillo de dientes esta mañana!

ELLA—Ay, eres un descuidado. *(ELLA abre la revista femenina y lee.)* Mira, mira lo que dice miss Helen, «la amiga de la mujer frente al espejo...» *(Leyendo.)* «El cutis, el cabello, la dentadura, cualquiera que sea vuestro rasgo más hermoso, empecemos desde ahora por darle ese toque justo de arreglo extra que hechiza. Sobre todo, mantenga los dientes libres del sarro, la nicotina y las partículas de cerdo o bacalao, mediante el uso constante de la soda cáustica. Así su novio dirá, su novio dirá...»

ÉL—*(Novio fascinado.)* ¡Tiene algo *indefinible* que me atrae!... Ah. *(Reaccionando.)* ¡Basta, sólo dije que no pude encontrar mi cepillo de dientes esta mañana!

ELLA—*(Candorosa.)* Le podemos preguntar a miss Helen. Le escribiré a ella. Ella devuelve hasta la virginidad.

ÉL—¡No! Quiero que *tú* me digas dónde está mi cepillo de dientes.

ELLA—*(Con amable condescendencia.)* Pero, hijito... ¿dónde quieres que esté? En el lugar de siempre: tirado en cualquier parte.

ÉL—No, no. Esta mañana no estaba allí.

ELLA—¿Se te ocurrió pensar que podía estar en el vaso de los cepillos de dientes?

ÉL—¡No¡... pero tampoco estaba.

ELLA—Extraño. ¿No te lo habrás llevado a la oficina?

ÉL—¿Y para qué?

ELLA—Para escribir a máquina.

ÉL—Pero, si tengo otro allá para eso.

ELLA—Ay, entonces, no entiendo. ¿Quieres que vaya a ver?

ÉL—Será inútil. Es el colmo que mi único objeto personal, el refugio de mi individualidad, también haya desaparecido.

ELLA—Voy a ver. Haz mientras tanto gárgaras de sal. *(ELLA echa agua y sal en un vaso y luego sale. ÉL empieza a hacer gárgaras. De pronto la mujer entra gritando. ÉL, sobresaltado, se atraganta con el agua salada y tose.)* ¡Aiee!... ¡Lo encontré! ¡Lo encontré!... ¡Aquí está!... ¡Aquí está! Sí. *(Con cara compungida muestra un cepillo de dientes atrozmente inutilizado con pintura blanca para zapatos.)*

ÉL—¡No! ¡No! ¡No!

ELLA—*(Tímidamente.)* Sí, lo... lo usé ayer para limpiar mis zapatos.

ÉL—*(Espantado.)* ¿Cómo?

ELLA—*(Confundida.)* Mis zapatos… mis zapatos blancos necesitaban con urgencia una manita de negro y…

ÉL—¡No encontraste nada mejor que inutilizar mi cepillo de dientes!

ELLA—No, no, no, no, no, no. Primero traté de usar la brocha de afeitar, pero hacía espuma.

ÉL—*(Furioso.)* El que va a echar espuma por la boca soy yo.

ELLA—*(Ingenua.)* Pero si las gárgaras eran de sal.

ÉL—*(Patético.)* Esta es la atroz realidad: en mi casa no hay un cepillo de dientes. Parece increíble, ¿no es cierto?, pero es así. *(Mientras él habla hacia el público derrochando lástima de sí mismo, ELLA ha salido un momento hacia el baño.)* Quiero empezar mis labores en forma cristiana, pero no… no es posible, ¡el cepillo de dientes de uno ha desaparecido! Yo trabajo como una bestia toda la semana, y cuando al final de la jornada llego a mi casa en busca de alguna distracción, como, como es lavarse los dientes o tejer un poco… ¡No, no es posible! ¡O le han usado el cepillo a uno o le han escondido el tejido!… ¡No, yo no pienso lavarme los dientes todos los días, tampoco pienso que la vida sea una juerga… pero un día de fiesta es un día de fiesta y hasta los monjes trapenses se permiten este tipo de esparcimiento! Pero para mí, no. Para mí no es posible. Yo debo hacer gárgaras de salmuera y esconder mis dientes pudorosamente… si casi es un problema de dignidad humana.

ELLA—*(Ríe.)*

ÉL—¡Hasta las hienas sonríen sin temor!

ELLA—*(Encantada con la idea.)* ¡Pero si hay un cepillo de dientes!

ÉL—¿Y cuál, se puede saber?

ELLA—*(Triunfante.)* El mío. Fue el regalo de matrimonio de mi padre.

ÉL—¡No pretenderás que me lave los dientes con *tu* cepillo!

ELLA—Bueno, ¿y qué tendría de particular?, ¿no somos acaso marido y mujer?

ÉL—Pero no se trata de eso. No digas tonterías.

ELLA—No es una tontería. Es el matrimonio. La compartición de todo: penas, angustias, alegrías. ¡Y, y… bueno, cepillos de dientes! ¿Acaso no nos queremos?

ÉL—Sí, pero no hasta ese punto.

ELLA—*(Llorosa.)* ¡Esto es lo último que creí que iba a escuchar! *(Hacia el público.)* Ah, claro, claro… puede compartir nuestro dormitorio con una francesa, pero no puede compartir un simple inofensivo implemento doméstico con su mujer…

ÉL—*(Terco.)* Quiero tener mi propio inofensivo implemento doméstico.

ELLA—No decías eso cuando estábamos de novios.

ÉL—*(Hacia el público.)* Nunca le prometí usar su cepillo cuando estábamos de novios.

ELLA—Lo habrías hecho. Me querías.

ÉL—Pero no se trata de eso. Se trata de higiene.

ELLA—*(Lastimera.)* Y cuando yo me lastimaba un dedo no pensaba en la higiene. No, me lo chupaba y me decía. «Sana, sana, culito de rana...»

ÉL—¡Ay, me cansa... me cansa oírte, Mercedes!

(ÉL, lleno de desesperación, se mete debajo de la mesa hasta desaparecer completamente cubierto por el mantel que llega al suelo. ELLA va hacia la mesa y golpea con los puños sobre la cubierta.)

ELLA—No me llames más Mercedes... No quiero que me llames de ninguna manera... ¿lo oyes?, de ninguna manera.

ÉL—*(Hablando debajo de la mesa sin que se le vea en ningún momento.)* Pero puedo ingeniármelas para no verte, pero tengo que oírte. Es verdad que tú tienes tus audífonos y yo tengo mis discos viejos, pero así y todo ¡te oigo! El único lugar en donde encuentro un poco de tranquilidad es aquí en mi cuarto de baño. Aquí todo es funcional. Aquí reina el desodorante y los polvos de talco. Aquí es preciso. Aquí no puedes entrar... ¡pero has entrado y me has robado mi cepillo de dientes!

ELLA—*(Repentinamente mirando hacia el público.)* ¡Cierra las cortinas que están escuchando todo!

ÉL—*(Asomando la cabeza por debajo del mantel.)* Me importa un bledo que escuchen todo. Para eso pagaron.

ELLA—Si quieres soledad, quédate en tu querido excusado... lo que es yo, me iré donde mi madre.

ÉL—No te pongas melodramática, querida. Sabes perfectamente que tu madre vive aquí con nosotros.

ELLA—*(Gritando.)* ¡Ay, no lo soporto más! ¡Te odio! ¡Estoy cansada de la marca de tus cigarrillos y el ruido de tus tripas cuando tomas Coca-Cola! ¡Vete! ¡Jamás podremos seguir viviendo como antes!

ÉL—Pequeña mujerzuela histérica.

ELLA—¡Sádico!

ÉL—¡Orgánica!

ELLA—¡Muérdago!

ÉL—¡Mandrágora!
ELLA—¡Tóxico!
ÉL—¡Crustáceo!
ELLA—Voy a empezar a gritar…
ÉL—¡Grita y revienta!…

(ELLA empieza a gritar corno una loca. ÉL sale de debajo de la mesa y se pone de pie enfurecido.)

ÉL—¡Cállate, Marta!…

(ÉL se acerca a ELLA. Toma de la mesa el transistor y con un rápido movimiento pasa la larga correa de la radio por el cuello de la mujer. Luego empieza a apretar hasta silenciarla. La mujer cae al suelo. El hombre la mira un momento. Está jadeando. Luego la toma de las axilas y la arrastra dificultosamente en dirección al dormitorio. Un momento el escenario vacío. Aparece ÉL. Ya no jadea en absoluto. Silba un tango. Trae en la mano una corbata negra. La mira reflexivamente y se quita la de color que lleva puesta cambiándola por la de luto. Silba una melodía. Se sienta y se sirve más café. Mientras lo bebe lee en voz alta los titulares de un periódico de formato más pequeño que el anterior.)

ÉL—«Colegiala vejada por siniestro profesor de lenguas muertas…» «Dos actores golpean violentamente a nuestro crítico teatral…» Bien hecho. «Una mujer estrangulada por un marido furioso…» *(Presta más atención a esto último y sigue leyendo.)* «Fue encontrado ayer el cadáver de una bella mujer ultrajada cobardemente. Presentaba huellas evidentes de haber sido estrangulada con la correa de cuero de una radio a pilas. La situación se presenta bastante confusa a pesar de su aparente sencillez. Estos son los hechos: a las 8:30 de la mañana, la mujer que hacía el aseo en el departamento y que dice llamarse Antona, tocó repetidas veces el timbre. Al no abrirle nadie usó su propia llave y entró. Preguntó si había alguien en la casa para no importunar y oyó una voz que le decía: «Pasa, Antona…» Encontró al señor preparándose una tostada y en el dormitorio el cadáver de la pobrecita. Las declaraciones que hizo el marido a la policía fueron confusas… *(ÉL deja el diario y habla directamente al público. Se suelta el cuello y la corbata y adopta el aire fatigado de un acusado en un interrogatorio policial.)* Sí, yo la maté. Por lo menos, la persona que está tirada allí en el dormitorio es la que yo maté. Y sé muy bien por qué lo hice. Ustedes habrían hecho lo mismo al encontrar a un extraño adueñándose de vuestra casa, desde el pijama hasta el cepillo de dientes. ¿Saben ustedes?… Ella estaba en todas partes. Inexplicablemente la encontraba en la mesa al desayuno, comiéndose mis tostadas; la encontraba en la tina de baño; al afeitarme, en el espejo, me encontraba su cara echándose crema o depilándose las cejas. La encontraba, la encontraba algunas veces al despertarme por las noches, la encontraba en mi propia cama. Era algo irritante. Pero, señoras y señores... ¿a quién maté? ¿A la mujer del espejo? ¿A la mujer que encontraba algunas veces en mi cama y que se parecía tanto a la mujer con la que me casé hace cinco años? ¿La mujer de la tina de baño? ¿La mujer de la radio a pilas? ¿La mujer de la que estaba empezando a enamorarme ahora? ¿O, era simplemente «Esperanzada», a quien había yo escrito a Correo Central?... No lo sé. Los extraños me dan miedo y lo que estaba ocurriendo ahora, como encontrar mi dentadura postiza dentro de la zapatilla de levantarse de una desconocida, fue superior a mis fuerzas. Ustedes han visto: mis discos de Gardel se llenaban de polvo porque ella se negaba a bailar tangos. Yo puedo llorar horas enteras escuchándolos. Pero ella no. Ella sólo sufría con el Cuarteto de «Jazz» Moderno. ¿Y qué se puede hacer cuando una persona se pone nostálgica con el bandoneón y la otra sólo con la trompeta?... Y si dos personas no pueden llorar juntas por las mismas cosas, ¿qué otra cosa se puede hacer?... ¡Ustedes tienen la palabra, señoras y señores ¡Pero recuerden que *todos*, todos tenemos un cepillo de dientes...!

(ÉL se vuelve a sentar y a anudar la corbata. Adopta el aspecto anterior, despreocupado, casi sonriente. Toma el periódico y lee en voz alta e indiferente.)

ÉL—«Esas fueron sus declaraciones. La policía piensa que se trata de un caso típico de crimen pasional. Se busca a una tercera persona, posiblemente francesa. Mañana daremos más informaciones». *(ÉL deja el periódico.)* ¡Oh, lo mismo de siempre...! Esta prensa sensacionalista se está poniendo cada vez más morbosa. Es el veneno del pueblo... la realidad, la vida es mucho más aburrida.

(Empieza a echar mermelada en una tostada. Se oye sonar el timbre de la puerta del apartamento. Un silencio. Nuevamente el timbre en forma insistente. Un silencio. Ruido característico de una llave en una cerradura y luego el crujido de una puerta al abrirse. Pasos.)

UNA VOZ—¿Se puede?
ÉL—¡Pasa, Antona, el cadáver está en el lugar de siempre!...

(Las cortinas se cierran.)

FIN DEL PRIMER ACTO

Segundo Acto

(El segundo acto empieza en el mismo momento en que terminó el primero.

ÉL, con el gesto detenido en el aire y parte de la tostada con mermelada en la boca.

La escenografía se ha invertido, es decir, sobre un eje imaginario ha girado en 180°. Todo lo que se veía a la izquierda está a la derecha y viceversa.

Se escucha el timbre de la puerta. Un silencio. Nuevamente el timbre. Un silencio. Se abre la puerta y se escuchan los pasos de alguien.)

UNA VOZ–¿Se puede?...

ÉL–¡Pasa, Antona, el cadáver está en el lugar de siempre!...

(Entra Antona. Es ELLA, sólo que lleva un vestido barato, peluca y pendientes. En sus manos un cubo de limpieza, un estropajo, balletas y un escobillón. Antona es decidida y enérgica, aunque ingenua. Deja el cubo en el suelo y se coloca en la cintura una balleta a manera de delantal.)

ANTONA–Buenos días, señor...

ÉL–Buenos días, Antona.

ANTONA–Para mí nada de buenos... ¡Ah qué mañana llevo! Si lo único que me hace falta es encontrar un muerto debajo de la alfombra...

ÉL–*(Sobresaltado.)* Y, ¿por qué dices eso, Antona?

ANTONA–Porque hay mañanas en que una no sabe qué sería mejor: si tomarse una aspirina o cortarse la cabeza.

ÉL–*(Indiferente.)* Ah, no lo dudes. Córtate la cabeza.

ANTONA–Empecé por el departamento 18; me recibió el señor completamente desnudo. «¡Cúbrase!», le dije, y me contestó: «¡Guárdate tu beatería, que hoy ando con el diablo en el cuerpo y huelo a infierno!»

ÉL–*(Perplejo.)* Antona, dime... ¿Yo huelo a infierno?

ANTONA–*(Distraída.)* Sí, señor.

ÉL–Gracias.

ANTONA–Luego en el 25 fundí la aspiradora, me resbalé con el jabón y rompí un espejo. La señora se puso histérica.

ÉL–Pero luego, gracias a Dios, llegaste aquí.

(Antona limpia activamente el piso con el escobillón.)

ANTONA—Ay, sí. Mientras subía la escalera venía pensando: «Por fin llego a una casa decente y tranquila, ay, donde esos señores que viven como palomos...»

ÉL—¿Estás segura de que así viven los palomos?

ANTONA—Mire, trabajar para gente distinguida y educada, no sé, pero a mí me vuelve el alma al cuerpo.

ÉL—¿Y cómo se consigue volver el alma al cuerpo, Antona? *(ÉL se ha quedado inmóvil con la mirada fija en dirección al dormitorio.)*

ANTONA—Señor, señor, ¿se siente bien, señor?

ÉL—*(Reaccionando.)* Ah, sí, sí. Completamente purificado. Como un cuerpo glorioso. Es curioso, pero esta mañana me siento tan viudo como el cardenal Richelieu.

ANTONA—Ah, ¿y la señora?

ÉL—*Requiescat in pace.*

ANTONA—¿Qué dice?

ÉL—Que duerme como una muerta.

ANTONA—Ay, no diga eso, señor, que trae mala suerte. Un tío mío, el pobre, se acostó cantando... y amaneció afónico. *(ANTONA pone algunas cosas sobre la bandeja.)* Eh, ¿terminó su desayuno, señor?

ÉL—Sí, algo me quitó el apetito.

ANTONA—Bueno, entonces voy a llevarle el desayuno a la señora. *(Antona se dispone a dirigirse al dormitorio. ÉL se levanta y se interpone entre ella y el dormitorio.)*

ÉL—¡No! No conseguirás que trague nada, Antona. Ay *(quitándole la bandeja de las manos),* lo estropeas todo con tus prisas, Antona. Por eso te resbalas en los jabones y quiebras los espejos... *(Acercándose mucho a ella.)* Parece que anduvieras huyendo de algo. Lo peor de todo es huir, Antona, aunque se haya matado a alguien... Ay, no, eso es malo para la presión y para los nervios. Si hay tiempo para todo. *(ÉL le pone una mano en la cintura.)* Me gustó eso que dijiste de «vivir como palomos». Repítemelo otra vez, ¿quieres?... *(ANTONA se separa de él.)*

ANTONA—*(En voz baja.)* ¡Ya, pues, no se ponga pesado que la señora puede venir!

ÉL—*(Sonriendo.)* No, si no vendrá.

ANTONA—Sí, siempre dice lo mismo. Tendría que estar muerta para no escuchar las carreras y los gritos que doy todas las mañanas para librarme de sus agarrones. ¡Suélteme!

ÉL—Eres completamente tonta, pero... pero tienes un encanto animal.

ANTONA—*(Feliz.)* ¿De veras?...

ÉL—Palabra; ah, Antona, dime, ¿estás enamorada?

ANTONA—¿Qué es eso?

ÉL—¿Me vas a decir que no has oído hablar del amor?

ANTONA—*(Perpleja.)* Me suena.

ÉL—No es posible, Antona.

ANTONA—Palabra.

ÉL—Pero si eso es tan importante, o más aún, que la laca para el pelo, los cupones premiados o los supositorios.

ANTONA—¿De veras?

ÉL—Lógico. Eso se lo enseñan a uno en primera preparatoria.

ANTONA—Bueno, lo que pasa es que una no ha estudiado.

ÉL—¡Pero si basta con leer las enciclopedias, Antona! *(ÉL va hacia un mueble bajo y coge un grueso libraco.)* Vamos a ver, vamos a ver, vamos a ver... Amor... amor, amor, amor; aquí está, amor, amor, amor: «Afecto por el cual el hombre busca el bien verdadero...» Y no hay que confundirlo, Antona, porque hay mucho. Fíjate: «Amor seco: Nombre que se da en Canarias a una planta herbácea cuyas semillas se adhieren a la ropa», ni tampoco con el «Amor al uso»: Arbolillo, árbol, «Arbolillo malváceo de Cuba parecido al abelmosco»... ni muchísimo menos con el «lampazo» ni «el almorejo» ni el «cadillo», planta umbelífera que tiene la base de satisfacción...

ANTONA—Usted no tiene moral.

ÉL—*(Consultando el diccionario.)* Moral... Moral, moral, moral, moral, moral: «Árbol moráceo de hojas ásperas, acorazonadas y flores verdosas, cuyo fruto es la mora».

ANTONA—Debería darle vergüenza, ¿no?

ÉL—*(Consultando el diccionario.)* Vergüenza... Vergüenza, vergüenza, vergüenza, vergüenza, vergüenza, vergüenza, vergüenza: vamos a ver, vergüenza; aquí está vergüenza: «Turbación del ánimo que suele encender el color del rostro. Se usa también la expresión de cubrir las vergüenzas refiriéndose a las partes pudendas del hombre y la mujer».

ANTONA—Yo no sé nada de esas cosas.

ÉL—Ah, pero por lo menos deberías saber que las relaciones amorosas se clasifican según su intensidad y sus circunstancias en: condicionales, consecutivas, continuativas, disyuntivas, defectivas, dubitativas... dubitativas y copulativas.

ANTONA—¡Ay, Dios mío! ¿Y qué voy a hacer yo que soy analfabeta? *(ÉL la toma nuevamente de la cintura y trata de atraerla hacia sí.)*

ÉL—Antona, Antona, dime, dime, ¿has tenido amantes?

ANTONA—¡Y dale con la misma música!

ÉL—No te suelto si no me dices la verdad.

ANTONA–¡Y Cómo va a saber una eso de los amantes, digo yo...!

ÉL–Bueno, pero... pero una mujer siempre sabe... ¡cuando sí y cuando no!

ANTONA–Ay, yo, no, palabra de honor. A mí como si nada. Cuando voy a darme cuenta ya están abotonándose. ¡Suélteme!

ÉL–¡Eres completamente idiota e insensible!

ANTONA–Es que me criaron con leche de burra. Es una porquería, le digo... Yo opino como mi tío, que decía: «Habiendo una mujer cerca, que se lleven las burras».

ÉL–Pero tú eres un animal premiado en cualquier feria, Antona.

ANTONA–Ah, sí. Eso es lo que decía mi madre: «Antona, Antona, nadie te podrá reprochar de ser una mala mujer, y eso es mucho decir, pero de ramera tienes bastante».

ÉL–Palabras cariñosas y sabias.

ANTONA–Ay, sí. Bueno, voy a despertar a la señora. *(ÉL intenta tomarla de un brazo y retenerla.)*

ÉL–No, no, no, no, no, ¡espera!... Han sucedido algunas cosas...

ANTONA–Déjeme, que usted tiene mucho cuento para todo.

(ÉL, instantáneamente, se pone a contar un cuento con tono paternal. Antona escucha fascinada.)

ÉL–Pero este cuento no lo conoces. Es el cuento del rey Abdula, en que perdió su armadura: «Había una vez un rey que tenía la mala costumbre de comerse las uñas. Un día descubrió que su esposa, la reina, se acostaba con un anarquista de palacio, dentro de su propia armadura y debajo de su propia cama. Desde entonces el rey dejó de comerse las uñas y comenzó a comerse los cuernos...»

ANTONA–*(Fascinada.)* ¡Oh!... ¿Y el príncipe?

ÉL–¿Y el príncipe?... ¿Qué príncipe?

ANTONA–El príncipe.

ÉL–¿Qué príncipe?

ANTONA–Siempre hay un príncipe. Hay príncipe o no hay príncipe.

ÉL–Oh, sí, sí, sí, el príncipe... Es que no había querido hablarte de él por delicadeza, porque este príncipe tenía un vicio secreto: arrastraba la lengua por todo el palacio.

ANTONA–¿Por qué?

ÉL–¡Era filatélico!

ANTONA—*(Con admiración.)* ¡Ay, Dios mío, pero que sabe cosas! Lo que es la falta de ignorancia de una... *(Antona vuelve a dirigirse al dormitorio. Nueva interposición de ÉL.)*

ÉL—¡No, no entres al dormitorio, Antona!

ANTONA—Bueno, ¿por qué?

ÉL—Es que todo está desordenado allí dentro. Hay cosas tiradas: mi ropa sucia, mi mujer... tú sabes, lo de todos los días.

ANTONA—Bueno, pero ese es mi trabajo, ¿no es cierto?

ÉL—¡Te lo prohíbo, Antona!

ANTONA—Ah, voy a pensar que oculta algo, ah.

ÉL—¿Y cómo lo adivinaste?

ANTONA—¿Qué?...

ÉL—Es verdad. Oculto algo y tengo que decírtelo. Ven, siéntate aquí.

ANTONA—¡Bueno, lárguelo de una buena vez! ¿Otro cuento? ¡No!... Iré yo misma a enterarme.

ÉL—*(En un grito.)* ¡Antona, escúchame! *(Antona, antes de entrar al dormitorio, se vuelve hacia ÉL.)*

ANTONA—¿Qué?

ÉL—Es que yo... yo...

ANTONA—Bueno, ¿usted qué?

ÉL—Yo, yo ya no soy el mismo de antes, desde hace media hora que lo sé.

ANTONA—Ah, no entiendo.

ÉL—Pero si te lo he explicado en forma delicada durante todo este rato y te niegas a comprenderlo... ¿Cómo puedes ser tan tonta?

ANTONA—Pero... ¿darme cuenta de qué? *(Pausa conmovida de ÉL.)*

ÉL—*(Sin poder contenerse.)* ¡Voy a ser madre!

ANTONA—¿Qué dijo?

ÉL—Que voy a tener un niño, sí.

ANTONA—Sí, ay niño, no, no. ¡No puede ser!

ÉL—Sí. Un niño que es fruto de tu irresponsabilidad y egoísmo.

ANTONA—Ah, ¿de modo que quiere achacarme ese crío a mí?

ÉL—*(Lastimero.)* Ah, no pretenderás negarlo ahora, Antona... ¡No puedes ser tan desnaturalizada!

ANTONA—¿Pero cómo? Pero, si lo único que hemos hecho ha sido darnos pellizcones y manotazos en la cocina.

ÉL—*(Con pudor.)* Ya ves, así es la Naturaleza... *(Bajando la vista.)* Voy a tener un niño.

ANTONA—No, no, no, no, no; no lo creo.

ÉL—*(Digno y sufriente.)* Ah, ¡Antona, no me pedirás las pruebas ahora!, pero tú sabes mejor que nadie todo lo que ha habido entre tú y yo... ¡pero yo te juro que tú has sido la primera!

ANTONA—*(Confusa.)* Y mire, todo esto es un lío. Yo vengo aquí solamente a limpiar el piso y no a sacarle a usted las castañas del fuego. *(Antona ya se ha olvidado del dormitorio y está en medio de la sala.)*

ÉL—*(Haciendo pucheros.)* Claro, para ti es fácil, apenas un remordimiento... en cambio para mí... *(Su voz se quiebra.)* ¡Jamás podré decírselo a mi madre!

ANTONA—¿Su madre?... ¿Pero qué diablos tiene que ver ella en todo esto?

ÉL—Me repudiará.

ANTONA—¿Y qué dirá su esposa, digo yo?

ÉL—*(Digno.)* Espero que ella le dé su apellido por lo menos.

ANTONA—Cualquier cosa que esté tramando o engendrando, yo no tengo nada que ver.

ÉL—¡Antona, no me des la espalda ahora, después de haberte aprovechado de mí! ¡Ah, ah, ay...! *(ÉL sufre un desvanecimiento.)*

ANTONA—*(Alarmada.)* Venga, siéntese, siéntese y deje de pensar en tonterías. Si no es nada del otro mundo. Todas tenemos que pasar por esto tarde o temprano. Le traeré un vaso de agua. *(Antona lo arrastra hasta una silla y corre a buscar un vaso a la cocina. Desde allí grita.)* ¡Quédese tranquilo! Si eso solamente pasa los primeros meses. *(Aparece nuevamente y le da un vaso de agua. ÉL bebe el agua y luego estalla en sollozos.)*

ÉL—Por un momento de placer me he convertido en un paria... He sido deshonrado.

ANTONA—No, no sea tonto. Si ahora la sociedad es mucho más comprensiva que antes... En cambio, en mi pueblo, mi abuelo era tan puritano que cuando la yegua parió, hizo buscar el caballo culpable por todo el campo y, cuando lo pilló, lo capó.

ÉL—*(Espantado.)* ¿Por qué hizo eso?

ANTONA—Porque dijo que era un mal ejemplo para mi madre, que estaba soltera. *(ÉL, al oír el cuento., estalla nuevamente en sollozos.)*

ANTONA—Bueno, ¿pero qué le pasa ahora?

ÉL—*(Haciendo pucheros.)* Me da miedo tu abuelo puritano.

ANTONA—No, si está enterrado en el pueblo.

ÉL—Ah, sí, yo también nací en un pueblo.

ANTONA—Ah, sí.

ÉL—Sí, por eso fui siempre muy ignorante en todas estas cosas. Yo creía que los niños se hacían mezclando tres partes de harina, dos de leche y una de levadura.

ANTONA—Y por qué no se va una temporada al pueblo; allí los niños se crían sanitos. Y nadie se entera.

ÉL—Claro, la reacción típica: librarte de mí. Ahora ya no piensas para nada en el matrimonio.

ANTONA—Nunca, nunca le he ofrecido matrinionio. Además, usted está casado. Debería decirle todo a su mujer. Ella debería conocer la situación... ¡Yo misma se lo diré! Si no le da un infarto es señal que terminará por reconocer al crío. *(Antona se dirige al dormitorio, pero ÉL la detiene con un grito.)*

ÉL—*(Como un demente.)* ¡Antona, si entras en ese dormitorio, me mato...! Comenzaré ahora mismo comiéndome este diario hasta morir.

(ÉL muerde ferozmente el periódico. Antona, asustada, trata de quitárselo. En el tira y afloja lo desgarran completamente.)

ÉL—*(Patético.)* Sí, mañana tendrás que explicar todo a la opinión pública: muerto y deshonrado por intoxicación de prensa amarilla. ¡La autopsia lo revelará todo! *(Antona retrocede unos pasos.)*

ANTONA—Usted es un hombre peligroso.

ÉL—Soy una víctima.

ANTONA—Quien mal anda, mal acaba.

ÉL—Al que no es ducho en bragas las costuras lo matan.

ANTONA—En comer y en rascar todo es empezar.

ÉL—Lo que no se hace en un año se hace en un rato.

ANTONA—Quien su trasero alquila no pasa hambre ni fatiga.

ÉL—Cada uno habla de la feria según le va en ella.

ANTONA—Si quieres un crío, búscate un sobrino.

ÉL—Hijo sin dolor, madre sin amor.

ANTONA—Éramos treinta y parió la abuela.

ÉL—A mulo cojo e hijo bobo lo sufren todos.

ANTONA—Más vale una de varón que cien de gorrión.

ÉL—El lechón de un mes y el pato de tres.

ANTONA—Más arriba está la rodilla que la pantorrilla.

ÉL—Más vale casada que trajinada.

ANTONA—Casarme quiero, que se me eriza el pelo.

ÉL—Antona, Antona, uno la deja y otro la toma.

(Antona empieza a deshojar tristemente una rosa del florero.)

ANTONA—Me quieres mucho… poquito… nada…

ÉL—No, no pierdas las esperanzas de casarte, Antona; si estás muy bien todavía a pesar de tu cicatriz de tu operación de apendicitis.

ANTONA—*(Desilusionada.)* No, estoy muy venida a menos. Debe ser que me estoy volviendo solterona. Es fatal. Engordaré, me arrugaré y el día menos pensado, ¡paf!… amaneceré tan inservible y pasada de moda como un corset en naftalina.

ÉL—Pero tienes tiempo todavía para escoger entre tanto sinvergüenza suelto que anda por ahí.

ANTONA—No, es inútil. Soy el estropajo de todos. ¿Quién me va a querer para otra cosa que no sea hacer tortilla a la española?

ÉL—Ah, ¡qué ideas tienes, Antona!

ANTONA—Claro, porque la encuentran a una gusto a… se aprovecha.

ÉL—En ese sentido eres verdaderamente apasionante.

ANTONA—No, lo he intentado todo. Hasta escribí a un consultorio sentimental. Firmé «Esperanzada» y sólo me contestó un tipo baboso que debe ser casado y barrigudo. No le entendí nada. Firmaba «Lucho solo». Debe ser un vicioso.

ÉL—*(Estupefacto.)* Entonces… ¿tú eres «Esperanzada»?…

ANTONA—Sí, sí. Sé que se va a reír de mí.

ÉL—*(Para sí.)* Tú eres la que buscaba un alma gemela.

ANTONA—*(Orgullosa.)* Esa frase la escuché en *Flor de Fango.*

ÉL—¿Hmm?

ANTONA—En *Flor de Fango.* ¿Qué usted no escucha *Flor de Fango?*

ÉL—No.

ANTONA—Pero no escucha *Flor de Fango,* si es terriblemente apasionante. Una escucha primero una de esas músicas que ponen la carne de gallina y luego la voz de un locutor medio marica, pero muy simpático, que dice: «¡*Nosotras* sabemos que Fibronailon nos acaricia! ¡Fibronailon remercerizado, su nailon de confianza, el nailon que es casi un confesor!, presenta *Flor de Fango*». Ay, de sólo pensarlo me pongo tiritona. Ay.

ÉL—*(Para sí.)* «Esperanzada, tengo la impresión de que no nos complementaremos para siempre… Si tiene algún defecto físico visible o alguna enfermedad invisible, consulte al especialista… Ya no es necesario enviar foto… Yo, tímido, pero dicen que neurasténico sin remedio. La saluda y olvida para siempre… Luis».

ANTONA—No sé lo que quiere decir, pero ya es hora de que termine mi trabajo. *(Antona se dirige al dormitorio en forma decidida.)*

ÉL—¡No te vayas todavía!

ANTONA—Voy a despertar a la señora.

ÉL—Se necesitarían las trompetas del Juicio Final.

ANTONA—No quiero seguir jugando a las adivinanzas y si usted me sigue poniendo dificultades me marcharé al extranjero.

ÉL—Ah, no, no, no, eso no...

ANTONA—Hoy en día una está muy solicitada, no crea.

ÉL—*(Impresionado.)* Ay, Antona, Antona. Tú sabes que nosotros somos buena gente, sin antecedentes penales... *(Apasionado.)* Mira, si quieres, te casaremos con mi jefe que es alcohólico o con el hijo de mi vecino que es numismático, o con mi director espiritual que es pastor luterano o, en un último caso, conmigo mismo... ¡Cualquier cosa, pero no te vayas!

ANTONA—¿Y querrá la señora?

ÉL—¡Qué cosa!

ANTONA—Bueno, esta boda tan precipitada.

ÉL—Pero por supuesto. Ella no dirá una sola palabra. Tú sólo tendrás que regarla y pasarle el plumero de vez en cuando. *(Tierno.)* Envejeceremos los tres juntos frente al televisor.

ANTONA—¿Podré usar la ropa de la señora también?

ÉL—Por supuesto. Hasta su cepillo de dientes.

ANTONA—Ah, ah. Voy a pensar. De todas maneras, tráigame referencias, recomendaciones y radiografías.

ÉL—*(Implorante.)* Antona, Antona, tú sabes que yo tengo buenos antecedentes bancarios. Mira, si quieres aprenderé el alemán para que te sientas en el extranjero. ¡Cualquier cosa... no te vayas!

ANTONA—No, no, no, no. No creo que sea posible casarme con usted por el momento. Y no es que sea beata, pero me resultaría chocante que su esposa, usted y yo... usted me comprende, ¿no? Existe la moral y las buenas costumbres. Una puede haber llegado muy bajo, pero eso de compartir la televisión y el cepillo de dientes con un hombre casado por las dos leyes es repugnante.

ÉL—Pero tiene el gusto de lo desconocido, Antona.

ANTONA—Las fantasías tienen su límite. No forcemos a la Naturaleza.

ÉL—¡Traspasa tus propios límites, Antona!

ANTONA—¿Y no tiene nada más que ofrecerme?... ¿Eso es todo?

ÉL—Te haré socia del discomanía.

ANTONA—Es inútil.

ÉL—Te sacaré una póliza de seguros.

ANTONA—No. *(Antona está a punto de entrar en el dormitorio.)*

ÉL—¡Antona, por ti llegaré hasta el fin!

ANTONA—*(Embelesada.)* No, el fin, no.

ÉL—Sí, el fin. Bailaremos un tango cada día.

(ÉL coloca en el viejo gramófono un disco de Gardel. ANTONA tira al aire el estropajo y el cubo de limpieza.)

ANTONA—Será capaz de tanto.

ÉL—¡Cuqui!... ¡En este maldito claustro, un tango después de ocho años de silencio!

(Bailan apasionadamente. Parecen transportados. Casi al terminar el tango, el disco se pone a girar sobre el mismo surco rayado. ÉL se desprende de ella y va hacia el gramófono. ANTONA, mientras tanto, se arregla el delantal y entra al dormitorio diciendo entre risitas nerviosas):

ANTONA—Suélteme; no, no, no, no, la señora.

ÉL—Sigamos bailando.

ANTONA—No, no. ¡Señora, no vaya a pensar nada malo... le juro que antes que faltarle al respeto...! ¡Ah!...

(Se interrumpe. Se escucha un grito penetrante de Antona desde el dormitorio. Sale Antona tambaleándose por la impresión. ÉL, abstraído, parece casi feliz. En el gramófono se escucha un acompañamiento de guitarra para el canto de ÉL.)

ANTONA—¡Ay, Dios mío!... ¿Qué ha pasado?

ÉL—*(Cantando el conocido tango de Gardel)*:
> «Sus ojos se cerraron
> y el mundo sigue andando,
> su boca que era mía
> ya no me besa más...»

ANTONA—*(Espantada al ver la insensibilidad de ÉL, que canta tangos.)* ¿Se ha vuelto loco?... ¿Es que se olvidó que tiene a su mujer tirada en el dormitorio?... ¿Es que no tiene compasión por nadie?...

ÉL—*(Canta)*:
> «Y ahora que la evoco
> sumido en mi quebranto
> las lágrimas prensadas
> se niegan a brotar
> y no tengo el consuelo
> de poder llorar...»

ANTONA—*(Retorciéndose las manos.)* ¿Por qué lo hizo?... ¿Por qué?
ÉL—:

> «Por qué sus alas
> tan cruel quemó la vida.
> Por qué esta mueca
> siniestra de la suerte...
> Quise abrigarla
> y más pudo la muerte...»

ANTONA—Claro, dentro de un momento estará aquí la policía...
ÉL—:

> «Yo sé que ahora
> vendrán caras extrañas
> con su limosna
> de alivio a mi tormento...»

ANTONA—¡Le arrancarán la verdad!... Yo podré atestiguar la verdad...
ÉL—:

> «Todo es mentira,
> mentira este lamento,
> hoy está solo mi corazón...»

ANTONA—No se haga ilusiones, el que la hace la paga.
ÉL—:

> «En vano yo alentaba
> febril una esperanza.
> Clavó en mi carne viva
> sus garras el dolor...»

ANTONA—Yo no sé por qué está explicando todo esto. Abriré las ventanas y empezaré a gritar como una loca a la gente que pasa por la calle...
ÉL—:

> «Y mientras en la calle
> en loca algarabía
> el carnaval del mundo
> gozaba y se reía,
> burlándose el destino
> me robó su amor...»

(Antona, fuera de sí, coge el disco de Gardel y lo rompe. Luego se enfrenta a ÉL.)

ANTONA—*(Frenética.)* ¿Por qué... por qué... por qué... por qué, por qué?

(ÉL la mira un momento fijamente, casi dolorosamente y luego estalla.)

ÉL—¡Porque sí!... porque yo tengo cinco millones de glóbulos rojos y ella tiene sólo cuatro millones doscientos mil; porque sus hormonas son distintas de las mías; porque yo calzo el 42 y ella el 37; porque a mí las lentejas me hinchan y a ella la deshinchan; porque yo fumo negro y ella fuma rubio; porque a mí me gustan las mujeres y a ella le gustan los hombres; porque yo creo en Dios y ella también; porque somos tan distintos como dos gotas de agua, pero, sobre todo, ¡porque sí, porque, sí!

ANTONA—*(Recobrándose poco a poco.)* ¡Era... era tan buena la pobrecita! Todos los miércoles de ceniza me regalaba sus medias corridas. ¡Ay. Dios mío! ¿Cómo fue capaz?... ¿Qué hace usted aquí todavía?... Seguramente quiere comprometerme, quiere mezclarme en toda esta pesadilla... ¡Pero yo diré la verdad!... ¡Me creerán...! Tienen que creerme... ¡Yo no sé nada...! ¡No sé nada!... *(Gritando.)* ¡No sé nada!

(Se apagan casi todos los reflectores hasta producirse una penumbra. ÉL enfoca el rostro de Antona con una potente linterna. La cruda luz de la linterna cae de lleno sobre el rostro asustado de Antona. ÉL habla desde la penumbra. Antona está inmovilizada. El diálogo es seco y rápido.)

ÉL—¿Nombre?
ANTONA—Antona los días de trabajo y Cuqui los días de fiesta.
ÉL—¿Edad?
ANTONA—Vaya uno a saber...
ÉL—¿Domicilio?
ANTONA—Al fondo, a la derecha.
ÉL—¿Profesión?
ANTONA—Lo que caiga.
ÉL—¿Religión?
ANTONA—Homeópata.
ÉL—¿Estado?
ANTONA—Un día, sí, otro no.

ÉL—¿Víctima?

ANTONA—La señora del 36: ¡una santa!

ÉL—¿Arma homicida?

ANTONA—Transisistor de alta infidelidad.

ÉL—¿Móvil del luctuoso suceso?

ANTONA—Bueno, nada de palabrotas con una que es decente, ¿no?

ÉL—Existen pruebas de robo y profanación del cadáver.

ANTONA—*(Lloriqueando.)* Yo me visto con su ropa porque ella misma me la daba. Si le saqué al cadáver una cadenita de oro y un anillo, fue sólo para tener un recuerdo... ¡Era como una madre para mí!... ¡Mamaaaa!

ÉL—¡Basta! *(Cesa el lloriqueo.)* ¿Coartada?

ANTONA—¿Qué?

ÉL—¡Sea precisa!... ¿Qué hizo la noche del 25 de julio?

ANTONA—Lo que me pedía el cuerpo, señor comisario.

ÉL—Ah, ¿confiesa entonces?

ANTONA—No, soy inocente como un recién nacido. Puedo atestiguar que a la hora del crimen le hacía el amor al señor, mientras comía un *sandwich* y veía un concurso por la televisión. Bueno, a mí me gusta así, ¿sabe?...

(Vuelve la luz al escenario. ÉL cambia a locutor de TV usando la linterna como micrófono. Antona, nerviosa y sonriente como una concursante. Ambos hablan directamente al público. ÉL hace las preguntas con un tono brillante y empalagoso propio de los locutores de TV.)

ÉL—Mire, le voy a dar la última oportunidad. Si usted no contesta a mis preguntas perderá la gran oportunidad que le ofrece Bic o Gillette, la única fibra de *homologación texilor*. Vamos a ver, ¿quién mató a la mujer del departamento veinticinco?

ANTONA—Sst, sst, el, el, ¡el manco de Lepanto!

ÉL—Do, do, do, do, do, do. Tibio, tibio... ¿Quién fue el culpable? Sí, adelante, señorita, por favor, por favor, adelante, vamos a ver quién mató a la mujer del departamento veinticinco.

ANTONA—Caín.

ÉL—Da, da, da, da, da, da, da, da. Casi, casi... Piense, piense, que la están mirando 150 millones de telespectadores a través de nuestro sistema de Eurovisión. Vamos a ver, ¿quién mató a la mujer francesa del cuarto de alojados?

ANTONA—Hmmm, Benito.

ÉL—No.

ANTONA—La del manojo de rosas.

ÉL—No.

ANTONA—Mi tío Onofre.

ÉL—No.

ANTONA—*(Pujando en forma concentrada.)* Mmmmmmmm...

ÉL—¡Haga otro esfuerzo más!

ANTONA—*(Sigue pujando con esfuerzo.)* Mmmm...

ÉL—¡Basta, no siga pujando!... ¡Que Bic o Gillette piensa por usted!

ANTONA—Pero, deme una última oportunidad.

ÉL—¿Le damos la última oportunidad? ¿Le damos la última oportunidad? Bien, le damos la última oportunidad. ¿Quién mató a la mujer radio transistorizada?

ANTONA—Bueno, sí... lo tengo en la punta de la lengua...

ÉL—Dícela.

ANTONA—*(Triunfante.)* A ver, ay, ya sé, ¡el gas licuado!

ÉL—Do, do, do, do, do, do. Sí, sí, sí, sí, sí, sí.

ANTONA—*(Sonriendo picarescamente.)* Ya sé... Pero si era tan fácil.

ÉL—Da, da, da, da, da.

ANTONA—*(Empujándolo con coquetería.)* ¡Usted!

ÉL—Da, da, da, da, da. Desgraciadamente ha perdido su última oportunidad. El jurado me dice que la respuesta a la pregunta es: ¡San Inocencio Abad!, ¡1.235 a 1.303! *(Bruscamente, ÉL se sienta y habla con un tono grave y sacerdotal. La vista baja. Las manos en el regazo. Antona se arrodilla junto a él. Como padre Abad.)* ¿Tienes algo más que decirme, hija mía?

ANTONA—*(Contrita y avergonzada.)* No, padre Abad, creo que no; no, no, padre, no.

ÉL—¿Estás segura, hija mía?... ¡Nada más?

ANTONA—*(Muy avergonzada.)* Ay, sí, padre. Falta lo más gordo. El caballero me pellizca todos los días. Nosotros ponemos mucho cuidado para no pecar, claro. Incluso él busca las partes más neutras y menos pecaminosas —los codos, por ejemplo—, pero, así y todo, es completamente desmoralizador. ¿A usted lo han pellizcado alguna vez, padre?

ÉL—Sí. No, no, niña. No. No. No.

ANTONA—Créame, es terrible. A mí eso me deja totalmente deshecha. Yo he pasado por este mundo como una mártir, de pellizco en pellizco.

ÉL—*(Empezando con tono de inquisidor y continuando con un progresivo tono libidinoso.)* ¡Culpables de Alta concupiscencia... Concupiscencia... Concupiscencia!... *(Mimoso, acariciándole la barbilla a Antona.)* Cocupichencha... Cocupichencha... Cocupichenchita... Cocupichenchita.

(Antona reacciona, le muerde el dedo y se pone de pie.)

ANTONA—Basta, señor, que yo no voy a seguir esta comedia. Está muy bien que una sea un poco ignorante y un algo diabética, pero eso de guardarle sus muertitos debajo de la cama, no, no, no, no, no, es mucho pedirme.

ÉL—*(Mimoso.)* Ay, Antona, pero no te pongas escrupulosa ahora.

ANTONA—No, avisaré a la policía. Conozco a un general retirado que viene en cuanto yo doy un silbidito.

ÉL—¡Hazlo, me encantan los generales en retiro!

(Antona se mete los dedos en la boca y lanza un silbido penetrante.)

ANTONA—Ah sí, este general entra siempre por las ventanas rompiendo los cristales.

ÉL—Tenemos poco tiempo entonces.

ANTONA—¡Ay, no, no me toque! ¡No se acerque!

ÉL—¡Ay, Antona; sí, Antona!

(Ruido de cristales rotos fuera del escenario. ÉL se acerca a Antona con apasionamiento.)

ÉL—*(Intensamente.)* Antona, mira, tu olor a lavaplatos me conmueve, me enloquece, me rejuvenece. Mira, déjame mirarte por la cerradura de la llave y seré feliz. Si me dejas atisbar tu escote con una lente gran angular teleobjetivo de dos milímetros y medio moriré de placer, Antona.

(Antona, se deshace del abrazo.)

ANTONA—No se ponga pesado, señor, que el cadáver de la señora nos puede sorprender.

(ÉL con más intensidad y apasionamiento todavía.)

ÉL—¡Átame las manos si quieres!... ¡Ahórcame, márcame, mutílame!... ¡pero déjame sacarte esa legaña del ojo!

ANTONA—*(Entregándose.)* ¡Basta! ¡Basta!... No resisto más... Yo también soy de carne y hueso... *(Desfallecida.)* ¡Oh, lujuria, lujuria, aquí estoy!

ÉL—¡Y que el mundo se haga polvo a nuestro alrededor! *(Se acercan apasionadamente e inician una grotesca parodia del acercamiento o del abrazo amoroso. Toda la pantomima de grotesca incomunicación física se desarrolla siguiendo una música distorsionada. Sería preferible usar música concreta y no electrónica.*

Da la impresión de una pesadilla. Esta especie de absurda lucha amorosa frustrada lleva una progresión que culminará con la destrucción de objetos. Jarrones, sillas, cuadros que caen al suelo.

Algún muro de la habitación caerá hacia atrás. Del techo caen objetos diversos que se rompen en el suelo. La pareja está ajena a todo esto. Ambos, jadeantes y hechos un nudo, ruedan por el suelo y se separan. No pueden hablar durante un momento. Antona se pone de pie dificultosamente después de un momento y cambia sus modales y su voz por los de ELLA, o sea, la esposa del primer acto. ÉL le habla desde el suelo. Ninguno de los dos parece advertir la destrucción general.) Isabel, Mercedes, Soledad... ¿es realmente necesario que tengamos que repetir esto todos los días?

ELLA—¿A qué te refieres, cariño?

ÉL—Sabes perfectamente bien a qué me refiero. Resulta agotador.

ELLA—Mi parte no es fácil tampoco. Si por lo menos se te ocurriera algo nuevo.

ÉL—Eso es lo más espantoso. ¡Que siempre hay algo nuevo! Para hacernos el amor vamos a tener que contratar a un asesor...

ELLA—Yo creo que las ideas iniciales no eran malas, lo que pasa que lo hemos bordado tanto que ahora están prácticamente agotadas.

ÉL—¿Qué podemos hacer?

ELLA—Nada, dejemos las cosas en su lugar.

ÉL—Es verdad que si no te estrangulo todos los días no te quedas tranquila.

ELLA—Bueno, eso es muy corriente... ¿Qué esposa decente no desea ser estrangulada de vez en cuando?

ÉL—No, si no te lo critico. Pero no me eches en cara que yo también tenga algunas debilidades.

ELLA—No, si yo no te critico nada, solamente que no entiendo por qué no vives con Antona y ya está.

ÉL—Es una idea que ya se me había ocurrido. Siempre que Antona acepte disfrazarse de ti. Bueno, pongamos las cosas en su lugar.

ELLA—Nada. *(Un silencio.)*

ÉL—Y si nos hiciéramos el amor en latín.

ELLA—Es una lengua muerta.

ÉL—¿Y en sánscrito?

ELLA—¿En qué?
ÉL—En sánscrito. Es el lenguaje de los sordomudos, ¿no lo sabías?
ELLA—No, no tenía idea.
ÉL—Podrías habérmelo dicho cuando nos casamos.
ELLA—No me atreví.
ÉL—Esta vez sí que la has hecho buena. ¡Estamos arreglados! No conoces el sánscrito.
ELLA—Bueno, pero conozco unas palabras en arameo.
ÉL—Y yo conozco unos *slogans* de propaganda en checo.
ELLA—*(Apasionada.)* «Cravina el Mutara».
ÉL—*(Apasionado.)* «Mirkolavia Elbernia kol».

(Un silencio.)

ELLA—«Alaba del Tamara jaín».
ÉL—«Eskoliava prinka Voj».
ELLA—¿Te pasó algo?
ÉL—No.
ELLA—¿Estás seguro?
ÉL—Sí.
ELLA—A mí tampoco.
ÉL—Es horrible.
ELLA—¿Qué?
ÉL—Todo.
ELLA—No lo había pensando.
ÉL—Pero es así.
ELLA—Ah, no nos pongamos tontitos, mi amor. Es verdad que tu madre embalsamada nos da un poco la lata, que a ti se te cae el pelo y a mí el repollo me da flatos, pero así y todo lo pasamos extraordinariamente bien. Tenemos nuestro departamento al lado mismo del parque de atracciones. Todas las noches tenemos al alcance de la mano tómbolas con premios, tiro al blanco, túnel del amor y sorpresas... ¿Qué más se puede pedir?

(ÉL se acerca a ELLA y la abraza suavemente hundiendo su cara en su cuello.)

ÉL—Quizás tengas razón. *(ÉL la besa en el cuello. Se empieza a escuchar la música de arpa que sugiere la tonadilla de un tiovivo en una feria.)*
ELLA—¿Escuchas?... ¡Es la música del carrousel! Es la hora en que empieza a girar... Comienzan las atracciones. *(ELLA lo besa.)*

ÉL—¡Qué bien hueles!

ELLA—*(Coqueta.)* Sé que te vuelves loco. Es el super-detergente tamaño gigante Bimpo.

ÉL—*(Cariñoso.)* No digas tonterías, cariño... Sabes que sólo me descontrolo con Tersol, «que brilla en su cocina como un sol...»

ELLA—*(Impaciente.)* No seas testarudo. «Sólo Bimpo huele a Bimpo».

ÉL—«Hace tiempo que hice mi elección: insisto en Tersol».

ELLA—*(Molesta.)* «Bimpo es más blanco y contiene Fenol 32».

ÉL—*(Enojándose.)* ¡Idiota! «Tersol no es un sustituto, es el detergente definitivo».

ELLA—¡Ignorante! «Bimpo es la fórmula alemana para la ropa blanca del mundo».

ÉL—*(Gritando.)* ¡Tersol blanquea *más!*

ELLA—¡Bimpo hace millonarios y elimina el fregado!

ÉL—*(Aullando.)* ¡Tersol es la vida en su hogar!

ELLA—*(Aullando.)* ¡Bimpo cuida sus manos!

ÉL—*(Aúlla con la cara pegada a la de ELLA.)* ¡¡Tersol!!

ELLA—*(Aúlla con la cara pegada a la de ÉL.)* ¡¡Bimpo!! *(Los dos gritan al mismo tiempo los nombres varias veces. Súbitamente, ELLA toma un tenedor de la mesa. ÉL, instintivamente, coge un cuchillo. Ambos están frenéticos. Se miran fijamente nombrando sus detergentes favoritos en voz baja. Ambos se agreden salvajemente en una especie de duelo a muerte. Aprovechando un movimiento en falso de ÉL, ELLA le entierra el tenedor en el vientre. ÉL se dobla sobre sí mismo. ELLA, aún histérica, se lo clava varias veces más en el cuerpo repitiendo como una loca.)* ¡¡Bimpo, Bimpo, Bimpo...!!* (ÉL cae pesadamente al suelo. ELLA lo arrastra hacia el dormitorio. Sale casi inmediatamente de allí con el tenedor completamente ensangrentado en la mano. Lo mira un momento fijamente, deteniéndose en medio del escenario.)* Anoche soñé con un tenedor. Bueno, eso no tiene nada de extraordinario porque «todas las noches» sueño con un tenedor...

(Limpia el tenedor cuidadosamente con una servilleta. Se sienta a la mesa y se prepara una tostada con mermelada. Suena el timbre. ELLA no le hace caso. Suena nuevamente el timbre.)

ELLA—Anoche, anoche soñé con un tenedor. Bueno, eso no tiene nada de raro porque todas las noches sueño con un tenedor.

VOZ DE ÉL—¿Se puede?...

ELLA—¡Pase, el cadáver está en el lugar de siempre!...

(Una Pausa. Entra ÉL tambaleándose. Su camisa blanca bañada en sangre. Con una mano se aprieta convulsivamente el vientre.)

ÉL—¡No, el cadáver no está en el lugar de siempre!

ELLA—*(Levantándose.)* ¡¡Padre!!

ÉL—Isabel, es preciso decir algunas palabras antes de terminar... ¡El mundo debe escucharnos!

(Las rodillas se le doblan y cae al suelo, pero aún tiene fuerzas para arrastrarse hasta cerca de las candilejas. ELLA, horrorizada, corre hacia ÉL.)

ÉL—*(En un supremo esfuerzo.)* Te perdono el día... Hemos buscado la felicidad equivocadamente y hemos fracasado...

ELLA—*(Gime.)* Sí, nos hemos destruido... ¿Por qué matamos siempre lo que más amamos?

ÉL—Sólo... el amor... es fecundo.

ELLA—¿Qué será de nosotros?

ÉL—Más allá del juicio de los hombres nos levantaremos... de nuestras propias tumbas.

ELLA—*(Patética.)* Sólo ahora, cuando es demasiado tarde, veo claramente la verdad: ¡la incomunicación... la incomunicación... es producida por las malas condiciones atmosféricas!

ÉL—*(A punto de morir.)* Mi última palabra...

ELLA—¿Sí?

ÉL—...es...

ELLA—¿Sí?

ÉL—*(En un estertor.)* ¡Paz... paz!

ELLA—*(Conteniendo sus lágrimas estoicamente.)* La grabaré en mi corazón para no olvidarla nunca; ¡paz, paz!

ÉL—Espera no he terminado aún... Mi última palabra es paz... ciencia... paciencia.

ELLA—¡Oh! Es una palabra simple, reveladora, una palabra suave como una mordaza y llevadera como una espina.

ÉL—*(Con un hilo de voz.)* Calle niva.

ELLA—*(Sin mirarlo.)* Espina.

ÉL—Calle niva.

ELLA—Espina.

ÉL—Calle niva.

ELLA—Espina.

ÉL—Ay, no calle niva.

ELLA—*(Insistiendo.)* Es-pi-na. *(Poniéndose de pie y dejándose llevar por su propia exaltación.)* ¡Gracias por el sacrificio de tu vida!... Te lo juro que no será inútil. *(Al público y en tono trascendente.)* Si cada uno de nosotros llevamos la guerra en nuestro propio corazón, ¿cómo evitaremos la conflagración mundial?

ÉL—*(Elevando el tono de moribundo.)* ¡Ah!

ELLA—*(Exaltada.)* En el más pequeño rincón de cada hogar se juega el porvenir de la Humanidad.

ÉL—*(Perdiendo el tono de moribundo.)* ¡Josefina!

ELLA—*(Adelantándose unos pasos hacia el público.)* Cuando en el secreto de nuestra intimidad no se levante ni una sola voz agresiva... ¡el mundo estará salvado!

ÉL—*(Levantando la cabeza y aullando.)* ¡¡Calle, niña!!

ELLA—*(Volviéndose con naturalidad.)* ¿Qué?

ÉL—*(Después de una pausa y dejándose caer muerto.)* Adiós.

(En este momento los bastidores que conforman la escenografía o cualquier otro elemento que se haya usado, empiezan a moverse desapareciendo, unos hacia arriba y otros hacia el lado. Se desplazan lentamente. Sólo quedan los muebles. Al fondo se verá la muralla del escenario manchada y llena de palos y bastidores inconclusos. Los muebles y los actores parecen flotar en un ámbito incongruente y absurdo. ELLA mira a su alrededor muy desconcertada.)

ELLA—Adiós. Oiga, oiga, oiga, pero todavía no hemos terminado. Dejen las cosas como están... no hemos terminado.

ÉL—*(Incorporándose.)* Ay, ¿qué pasa?

ELLA—Que están deshaciendo nuestro campo de batalla.

ÉL—*(De pie.)* ¡Todos los días lo mismo!... *(Gritando hacia los laterales.)* ¡Dejen todo como está, que no hemos terminado todavía! *(Un silencio. Y luego el último bastidor o elemento es retirado.)*

ELLA—Oh, deberías quejarte a alguien.

ÉL—Sí, uno de estos días lo voy a hacer.

ELLA—*(Desalentada.)* Uno de estos días... Es inútil. Además, no podía durar, era demasiado divertido y esto no está bien.

ÉL—¿Qué es lo que no está bien?

ELLA—Divertirse sin remordimientos.

ÉL—Bueno, pero no habíamos terminado y ¡eso es lo importante!

ELLA—No he visto nunca algo más terminado que lo nuestro.

ÉL—Pero no se llevarán mi gramófono ni mis discos viejos. *(Va a la mesa y coge la enorme bocina. Su aspecto sosteniendo el gramófono es grotesco.)*

ELLA—Y yo no permitiré que se lleven mi lámpara china de papel de arroz. *(ELLA coge un globo de papel que cuelga en un costado. Ambos se quedan en la mitad del escenario sin atinar a dónde ir con sus respectivas cargas. De pronto se quedan mirando el uno al otro.)*

ÉL—Te ves ridícula.

ELLA—Te ves grotesco. *(En ese momento se apagan algunos focos.)* Están apagando las luces de nuestro teleteatro del amor.

ÉL—*(Gritando hacia el fondo de la sala.)* ¡No apaguen, que no hemos terminado todavía!

ELLA—*(Se apagan casi todos los focos.)* Dentro de un momento estaremos a oscuras.

ÉL—Como siempre. *(Se apagan los últimos focos. Sólo queda uno, cenital, en medio del escenario.)* Casi me siento mejor así, en esta oscuridad sin nada alrededor.

ELLA—Sí, por lo menos es una sensación nueva que no se nos había ocurrido. Ay, me voy.

ÉL—*(Sincero.)* No te vayas todavía, es importante.

ELLA—¿Para qué?

ÉL—Deja ese absurdo globo en cualquier parte y dame la mano.

ELLA—Para eso, tendrás que soltar primero esa espantosa victrola. *(Ambos dejan sus respectivas cargas en el suelo.)* ¿Y?...

ÉL—Bueno, estaba pensando que a lo mejor no era tan difícil...

ELLA—¿Qué?

ÉL—Todo.

ELLA—¿Qué quieres decir?

ÉL—Que a lo mejor sólo se trataba de decir una sola palabra. Una palabra bien sencilla que lo explique todo... Una palabra justa en el momento justo...

ELLA—¿Una palabra?

ÉL—Sí... ¡y voy a decírtela!

ELLA—*(Sincera.)* ¡Sí, dilo, por favor! *(Se juntan al medio del escenario bajo el único foco cenital. Sus manos están a punto de tocarse.)*

ÉL—Bueno... yo... *(Se apaga el foco cenital. Oscuridad completa. Un largo silencio expectante.)*

ELLA—*(Anhelante.)* ¡Dilo, por favor!... Dilo, dilo.

ÉL—*(Aullando en la oscuridad.)* ¡¡Mierda!! ¡Danos un poco de luz! *(Un largo silencio expectante en la más completa oscuridad.)*

ELLA—*(En la oscuridad y con una voz susurrante.)* Ah, dame la mano. No te veo. Tengo miedo.

ÉL—*(Con la misma voz.)* ¿Dónde estás?

ELLA—Tal vez encendiendo un fósforo.

ÉL—Sí, los cirios de nuestro último velatorio.

ELLA—Se podría intentar… *(Ambos encienden una cerilla y prenden las velas de dos candelabros mortuorios que antes no se habían visto en el escenario, pero que ahora están en el suelo. El escenario desnudo se ve a la débil y parpadeante luz de los cirios. ELLA toma el arpa que se había visto durante la obra en un rincón y ÉL un largo tejido inconcluso. Con él en las manos se sienta en la mecedora. ELLA empieza a tocar el arpa. Interpreta el «leitmotiv» de la obra, el sugerente y reiterativo tema del tiovivo del parque de atracciones. ÉL, sin pizca de inhibición ni de burla, se pone a tejer, meciéndose. Ambos sonríen beatíficamente. ELLA sin dejar de tocar el arpa.)* ¡El día ha sido maravilloso!

ÉL—Sí, pero ya no queda nada de nuestro parque de atracciones.

ELLA—Solamente hasta mañana en que inventaremos otro.

ÉL—Cada día es una maravillosa caja de sorpresas con premios, un largo túnel del amor.

ELLA—En realidad… ¿cómo podremos sobrevivir?

ÉL—¿A qué?

ELLA—A este cariño tremendo.

ÉL—¡Somos fuertes!

ELLA—¡Invulnerables!

ÉL—¡Inseparables!

ELLA—¡Intolerables!

ÉL—¡In-to-le-ra-bles!…

AMBOS—¡In-to-le-ra-bles!

(Las cortinas se cierran mientras ÉL sigue tejiendo y meciéndose y ELLA sigue tocando el arpa.)

EMILIO CARBALLIDO
(MÉXICO, 1925)

Emilio Carballido nació en Córdoba, Veracruz, en 1925. Se formó en la capital cuando su madre lo llevó allí muy joven, pero pasó un año con su padre en Veracruz en 1939 lo cual le dejó impresiones profundas de la vida provincial, la selva y el mar. Celestino Gorostiza y Salvador Novo influyen en su decisión de escribir teatro; Carlos Pellicer y Agustín Yáñez son sus maestros en la secundaria y la preparatoria, respectivamente. Estudia en la UNAM y comienza a estrenar y publicar piezas teatrales en 1948. El año 1950 es clave ya que nace su hijo Juan de Dios, y estrena en el Palacio de Bellas Artes. Durante su larga carrera ha escrito más de 30 obras completas, más de 60 obras cortas, varias obras narrativas y muchos guiones cinematográficos. Entre su producción dramática figuran óperas y piezas infantiles. A pesar de haber desempeñado varios puestos docentes (Escuela de Arte Dramático del INBA, el Instituto Politécnico de México y la UNAM) administrativos, documentales y editoriales (en 1975 fundó la revista teatral *Tramoya* que se sigue publicando en colaboración con Rutgers University en Estados Unidos), siempre se ha dedicado al teatro. Ha sido invitado a muchos países, y ha dado clases en las universidades de Rutgers, Pittsburgh y California. En 1977 renunció a todas sus actividades administrativas para dedicarse a tiempo completo a la escritura. No es simplemente por ser un autor prolífico que ha alcanzado fama internacional, sino por la calidad estética y trascendental de sus obras. Su espíritu creador lo ha llevado hacia formas innovadoras, más allá de una orientación exclusivamente nacional, en su investigación de los problemas psicológicos, ontológicos y aun políticos del hombre contemporáneo. Sobra decir que Carballido es el dramaturgo mexicano más conocido y consagrado de México de la segunda mitad del siglo XX.

La crítica desde muy temprano ha señalado dos tendencias fundamentales en la obra dramática de Carballido —la realista y la fantástica— y la tendencia a combinar las dos. *Rosalba y los llaveros* (1950), su primera obra de importancia, profundiza en el contraste psicológico entre una joven metropolitana y sus primos provincianos, comentando las inhibiciones sexuales y morales de éstos, mientras *El día que se soltaron los leones* (1963) expone los conflictos constantes entre la represión y la libertad. *La danza que sueña la tortuga* (1954) es otra obra de provincias que sigue con la misma temática en su retrato de la soledad y las frustraciones de dos solteronas. *Felicidad* (1955) es una obra de título irónico y tono amargo. Este ciclo culmina con *La hebra de oro* (1955), obra que mezcla lo real y lo fantástico en una figura mágica y simbólica. El Hombre vuelve al mundo real de sus dos abuelas para darles la capacidad de reconocer sus problemas más profundos.

En los diez años entre *La hebra de oro* y *Yo también hablo de la rosa*, la obra presentada en esta colección, Carballido experimenta con varias formas y técnicas. En *Medusa* (1962) y *Teseo* (1962), el autor reinterpreta los mitos clásicos, dándoles un toque original y existencialista. En los mismos años, escribe *Un pequeño día de ira* (1962), obra que sin caer ni en lo didáctico ni lo melodramático critica el ambiente político. También escribe varias farsas como *¡Silencio, pollos pelones, ya les van a echar su maíz!* (1963) y *Te juro, Juana, que tengo ganas* (1965), la primera un cuadro político de la vida mexicana con toda su burocracia y su hipocresía, la segunda un retrato cómico y algo burlesco de las experiencias amorosas de un joven con una mujer madura.

A partir de *Yo también hablo de la rosa* (1965), Carballido muestra en su creación dramática aún más variedad de tema y forma. En el *Almanaque de Juárez* (1968), el dramaturgo adapta la técnica brechtiana en su recreación y reexaminación de la historia mexicana. El mensaje político-social de la obra surge de su coincidencia con la masacre de Tlatelolco. Carballido trasciende los límites temporales y nacionales en *Conversación entre las ruinas* (1969), una pieza que sigue patrones míticos en el retrato de las vidas fracasadas de dos amantes. En el mismo año escribe *Acapulco, los lunes,* farsa en un acto que desmitifica sin piedad el «paraíso» acapulqueño de los que se quedan cuando los turistas se van. En 1974 Carballido vuelve momentáneamente a la mezcla de realidad y fantasía con su comedia *Las cartas de Mozart* basada en una noche mágica de ópera en un México decimonónico. En *Un vals sin fin sobre el planeta* (1970) y *Fotografía en la playa* (1977), se presentan retratos familiares en los cuales se entrecruzan en una gran telaraña las vidas de sus miembros. *José Guadalupe* (1976) sigue las líneas artaudianas en su aspecto visual espectacular. En 1977, escribió *Nahui Ollín* que es parte de una creación colectiva hecha con César Rengifo (Venezuela), Osvaldo Dragún (Argentina) y Enrique Buenaventura (Colombia).

A Carballido le gusta ubicar sus piezas en un ambiente decimonónico como es el caso de *Las cartas de Mozart* (1974), obra inspirada en una noche de ópera cuando se mezclan la realidad y la fantasía con una historia de amor, las verdaderas cartas de Mozart y un ambiente social que cohibe las aventuras de una joven atraída físicamente a un mendigo destartalado. *Tiempo de ladrones: La historia de Chucho el roto* (1984), en una experiencia de teatro total, representa uno de los experimentos más ambiciosos de Carballido: un «folletín dramático» en dos tandas con un reparto enorme y algunas escenas «a sortear» sobre la vida de este «Robin Hood» que roba a los ricos para ayudar a los pobres. Además de las injusticias socio-económicas que la obra expone, se nota en ella otra de las constantes en las obras de Carballido, el poder infinito del individuo a realizarse, transformándose y transformando su mundo por un camino de acción positiva y de sensibilidad artística.

Otro factor constante en la dramaturgia carballidiana es el sentido del humor que está presente aun cuando tratan aspectos serios de la vida. Este se percibe especialmente en *Orinoco* (1982), pieza que despliega una naturaleza amenazante por medio de un barco al garete en el río. En él van dos coristas (o prostitutas) que representan diferentes actitudes frente a su situación desesperada. Otra obra enormemente exitosa, y especialmente graciosa, es *Rosa de dos aromas* (1985), en la que Carballido presenta de nuevo su concepción de la rosa al jugar con los conceptos tradicionales del machismo mexicano, vistos en las actitudes desafiantes de dos mujeres cuando descubren por casualidad su relación con el mismo hombre y cuando urden sus planes de vengarse. En *El mar y sus misterios* (1988) el mar funciona como protagonista.

En los años 90 Carballido sigue escribiendo con la misma energía y vitalidad de siempre. En *Tejer la Ronda* (1990) Carballido presenta a cinco mujeres (Lola, Lila, Lala, Lulú, Lilí) y a cinco hombres (Chon, Chuy, Chac, Chas, Ché) involucrados en juegos amorosos y sexuales; *Las bodas de San Isidro* (1991) es un sainete a partir de tradiciones y leyendas queretanas de los siglos XVI al XIX. *Escrito en el cuerpo de la noche* (1991) examina la relación de un adolescente con una mujer mayor dentro de una situación familiar; *Los esclavos de Estambul* (1991) dramatiza aspectos del poder y libertad por medio de dos jóvenes (esclavos) traídos a México donde ellos fascinan a la gente local. *Engaño colorido con títeres* (1995) conmemora la vida de la ilustre poetisa mexicana Sor Juana Inés de la Cruz en el aniversario de su muerte (1695). *Vicente y Ramona* (1996) es otra pieza histórica.

No es posible comentar aquí las numerosas piezas cortas de Carballido pero basta decir que incorporan las mismas técnicas y las mismas inquietudes de las obras completas. Buen ejemplo es «El censo», una obra breve llena de un humor situacional y lingüístico que comenta sobre la corrupción gubernamental. Las obras incluidas en varias versiones de *DF* critican, casi siempre con humor, las situaciones ridículas o grotescas del ambiente capitalino. Carballido nunca esquiva sus obligaciones como escritor conocido a nivel internacional para exponer los vicios de la sociedad.

Otra de las obligaciones que siempre ha reconocido este escritor es la de fomentar el teatro mexicano en todas sus dimensiones. Además de ser escritor prolífico, de haber publicado, estrenado y traducido en los diferentes ámbitos teatrales del mundo, es el «padre adoptivo» de toda una generación de escritores jóvenes. Después de haber sido su profesor en clases del IPN y la UNAM, ha hecho promoción de sus obras en cuatro tomos que han aparecido con variaciones en el título de *Teatro joven de México*. Es una generación que por razones económicas, políticas y culturales en México, se vio menos privilegiada en publicar y estrenar que la suya. La generación de Carballido, que abarcaba tales figuras como Luisa Josefina Hernández, Sergio Magaña y Federico S. Inclán, se aprovechó de condiciones más favorables al lanzar sus carreras en los años 50.

La obra de esta antología, *Yo también hablo de la rosa*, se ha montado con gran frecuencia desde su estreno en 1966. El éxito de la pieza se debe en parte a la integración tan perfecta de tema y técnica. Carballido comienza con una situación concreta, pero al incorporarla en un contexto metafórico logra profundizar en las complejidades de la experiencia humana. La obra es, en cierto sentido, una dramatización del proceso creativo y, por ende, una negación de los sistemas que limitan tal proceso. El número de interpretaciones diferentes del incidente central sugiere las maneras infinitas de concebir la realidad. Según Carballido, la realidad es, como la rosa, «un conjunto de ficciones milagrosas... sin posibilidad alguna de explicación». La figura enigmática de La Intermediaria ha provocado muchos estudios críticos (ver bibliografía) sobre esta obra que, como otras muchas de Carballido, capta elementos de la cultura popular dentro de un ambiente metropolitano en un diálogo netamente típico del México actual. Además, la interacción constante entre los elementos inexplicables y fantásticos con otros de una realidad contundente realza nuestra conciencia de la visión del mundo que lleva, y que sigue creando, Carballido.

En 1995, al cumplir 70 años de vida y a 45 años del estreno de *Rosalba y los Llaveros*, se llevaron a cabo en México muchos homenajes a Carballido por sus aportes extraordinarios en pro del teatro mexicano. Sigue siendo el teatrero infatigable, totalmente dedicado a fomentar el teatro, donde sea posible. Es un viajero constante, participando en festivales y simposios de teatro, tanto nacionales como internacionales. Su imprimátur sobre el teatro mexicano de la segunda mitad del siglo XX consta sobre todo de una dedicación a la estética en todas sus dimensiones, a la experimentación, a la originalidad y la intepretación de la realidad que conoce, urbana y provinciana, para un público mexicano e internacional. Ha podido alcanzar estos niveles por su propia cuenta mientras al mismo tiempo ha estado respaldando las carreras de un grupo amplio de escritores jóvenes. Es, sin lugar a dudas, uno de los dramaturgos latinoamericanos más talentosos y justamente reconocidos por la comunidad internacional.

GEORGE WOODYARD
University of Kansas

Emilio Carballido

Yo también hablo de la rosa

(Loa)

Para Yolanda Guillomán, actriz. Porque dio vida y amor a Toña y a esta obra. Porque dio vida y amor a muchas obras. Porque dio Vida y Amor.

Pero mi rosa no es la rosa fría...
Xavier Villaurrutia

Amago de la humana arquitectura...
Sor Juana Inés de la Cruz

Esta obra fue estrenada el día 16 de abril de 1966 en el Teatro Jiménez Rueda, de la ciudad de México, con el siguiente

Reparto

La Intermediaria	Socorro Avelar
Toña (14 años)	Angelina Peláez
Polo (12 años)	José Alonso
Maximino González	Felio Eliel
Ier Profesor	
Señor	Mario Casillas
2° Profesor	
Locutor	
Muchacho Pobre	Sergio Jiménez
Vendedor	
El Estudiante	
Señor Pobre	Juan Ángel Martínez
Vendedora	
Muchacha Pobre	
Maestra	Socorro Merlín
Voceador	Héctor Martínez
Pepenador	Jesús López Florencio
Pepenadora	
Madre de Polo	Sonia Montero
Pepenador II	Ernesto Cruz
Pepenadora II	
Señora	
Madre de Toña	
Señora Pobre	Liza Willert
La Estudiante	
Hermana de Toña	Luz María Hidalgo
Dueño del taller	Enrique Campos
Los dos que soñaron	Carlos Gacina y José Mata
Coro de danza	Miguel Ángel Palmeros
	Antonia Quiroz
	Isabel Hernández y
	Raquel Vázquez

LA ACCIÓN EN LA CIUDAD DE MÉXICO.

MÚSICA:	RAFAEL ELIZONDO
COREOGRAFÍA:	GUILLERMINA BRAVO
ESCENOGRAFÍA:	GUILLERMO BARCLAY
DIRECTOR:	DAGOBERTO GUILLAUMIN

Los derechos musicales de la obra pertenecen al *Organismo de Promoción Internacional de Cultura* y fueron cedidos gentilmente por su director, el señor licenciado Miguel Álvarez Acosta.

APARECEN:

LA INTERMEDIARIA	LA ESTUDIANTE
TOÑA	DUEÑO DEL TALLER (ESPAÑOL)
POLO	SEÑOR
MAXIMINO GONZÁLEZ	SEÑORA
1ER. PROFESOR	MUCHACHO POBRE
2º PROFESOR	MUCHACHA POBRE
LOCUTOR	SEÑOR POBRE
[VENDEDOR	SEÑORA POBRE
VENDEDORA	MAESTRA
VOCEADOR	MADRE DE TOÑA
PEPENADOR I	MADRE DE POLO
PEPENADORA I	HERMANA DE TOÑA]
PEPENADOR II	Y
PEPENADORA II	LOS DOS QUE SOÑARON
EL ESTUDIANTE	

Un muchacho, una muchacha, dos mujeres y dos hombres son suficientes para actuar los personajes encerrados entre paréntesis.

EN MÉXICO, D.F.

(Música de clavecín. Silencio. Oscuridad. Luz cenital a la Intermediaria: se encuentra sentada en una silla con asiento de paja. Viste como mujer de pueblo: blusa blanca y falda oscura, como el rebozo con que se cubre.)

➔ LA INTERMEDIARIA—Toda la tarde oí latir mi corazón. Hoy terminé temprano con mis tareas y me quedé así, quieta en mi silla, viendo borrosamente en torno y escuchando los golpecitos discretos y continuos que me daba en el pecho, con sus nudillos, mi corazón: como el amante cauteloso al querer entrar, como el pollito que picotea las paredes del huevo, para salir a ver la luz. Me puse a imaginar mi corazón *(Se toca el pecho)*, una compleja flor marina, levemente sombría, replegado en su cueva, muy capaz, muy metódico, entregado al trabajo de regular extensiones inmensas de canales crepusculares, anchos como ruta para góndolas reales, angostos como vía para llevar verduras y mercancías a lentos golpes de remo; todos pulsando disciplinados, las compuertas alerta para seguir el ritmo que les marca la enmarañada radiación de la potente flor central. Pensé de pronto: si todos los corazones del mundo sonaran en voz alta... Pero de eso no hay que hablar todavía. Pensé en el aire también, que por cierto olía a humo y a comida ya fría; yo estaba como un pez, en mi silla, rodeada por el aire; podía sentirlo en la piel, podía sentir las tenues corrientes que lo enredaban, rozándome al pasar. Aire que late y circula. Hice un recuento entonces de todo cuanto sé. ¡Sé muchas cosas! Conozco yerbas, y algunas curan, otras tienen muy buen sabor, o huelen bien, o son propicias, o pueden causar la muerte o la locura, o simplemente lucen cubiertas de minuciosas flores. Pero sé más: guardo parte de lo que he visto: rostros, nubes, panoramas, superficies de rocas, muchas esquinas, gestos, contactos; conservo también recuerdos que originalmente frieron de mis abuelas, o de mi madre, o de amigos, y muchos que a su vez oyeron ellos a personas muy viejas. Conozco textos, páginas, ilusiones Sé cómo ir a lugares, sé caminos. Pero la sabiduría es como el corazón: está guardada, latiendo, resplandeciendo imperceptiblemente, regulando canales rítmicos que en su flujo y en su reflujo van a comunicarse a otros canales, a torrentes, a otras corrientes inadvertidas y manejadas por la radiante complejidad de una potente válvula central...

Todos los días llegan noticias. Toman todas las formas: suenan, relampaguean, se hacen explícitas o pueriles, se entrelazan, germinan. Llegan noticias, las recibo, las comunico, las asimilo, las contemplo. *(Se levanta.)* ¡Noticias!

(OSCURIDAD)

(El estruendo de un descarrilamiento: silbatos, gritos, fierros que se arrastran sobre fierro, volcaduras. Silencio. Relámpagos deslumbradores.)

(OSCURIDAD)

(Entra corriendo un voceador.)

VOCEADOR—Su prensa, joven, lleve su periódico. Muchachos vagos que descarrilan un tren. Lea cómo pasó el impresionante desastre. Y era nomás un tren de carga, qué tal si hubiera sido de pasajeros. Lleve su prensa de hoy, su prensa de hoy... *(Sale.)*

(Oscuridad y en seguida luz general. Una calle: hay una caseta pública de teléfonos. Polo, subido en un cajón, trata con un alambre de extraer delicadamente la moneda que guarda el aparato. Toña vigila que nadie venga.)

TOÑA—*(Aprisa.)* Apúrate, que ahí vienen. ¡Aguas, aguas! ¡Ahí viene un viejo y creo que va a hablar! Viene viendo una libretita.

(Polo sale de la caseta, queda parado junto a la muchacha. Un hombre entra y en efecto va al teléfono. Entra a la caseta. Los chicos se ven.)

TOÑA—Está descompuesto. No sirve ese teléfono.

(El hombre iba a echar la moneda. Se detiene. Ve a los muchachos.)

HOMBRE—¿No sirve?
POLO Y TOÑA—No.

(Él cuelga. Se va. Vuelve Polo a su tarea y ella a su vigilancia. Él logra al fin sacar la moneda del aparato. La ven juntos, contentos.)

TOÑA—¿Qué compramos?
POLO—Plátanos.
TOÑA—¡Alegrías! Mejor alegrías.
POLO—Bueno.
TOÑA—En la calzada hay otro teléfono.
POLO—Pasa mucha gente. Me ven.
TOÑA—En la noche no pasa mucha gente.
POLO—A ver. ¡Vamos a comprar!

(Caminan hacia un vendedor de dulces que viene con su tabla.)

POLO—¿A cómo las alegrías?
VENDEDOR—A cinco, a diez y a veinte.
POLO—Dos de a cinco.
TOÑA—Juégale un volado.
POLO—¿Echamos un volado?
VENDEDOR—¿De a cómo?
TOÑA—¡De a veinte!
POLO—*(Dudoso.)* Mejor de a diez, ¿no?
VENDEDOR—No se me raje. De a veinte. Órale, vuela.
POLO—¡Águila!
VENDEDOR—Sol.

(La ven. Éste se embolsa la moneda y se va. Un silencio. Toña y Polo caminan.)

TOÑA—Pues yo creí que... Pues podías haberle ganado. Lo hubieras echado tú.

(Silencio. Caminan. Patean algo.)

TOÑA—Pues... Hubieras dicho que no jugabas el volado. Para qué lo jugaste de a veinte. Yo nomás decía.

POLO—Oh, ya cállese.

(Silencio.)

TOÑA—Juégale otro.
POLO—¿Con qué?
TOÑA—Yo tengo aquí lo de mi camión.
POLO—¿Y luego con qué te vas?
TOÑA—Pues... pues... le ganas, ¿no?
POLO—Sí... re fácil.
TOÑA—Pero échalo tú. Toma.
POLO—¡Oiga! ¡Oiga! ¡Jugamos otro volado!

(Vuelve el Vendedor.)

VENDEDOR—¿Jugamos otro?
POLO—Yo lo echo.
VENDEDOR—¿De a cómo?
TOÑA—De a veinte.

POLO—De a veinte. Vuela.
VENDEDOR—Sol. *(Ven.)* Sol. *(Recoge la moneda.)*
TOÑA—Pues yo lo echo. A ver. Vuela. ¡Águila! *(Ven.)* Gané.
VENDEDOR—Pero el que echa no pide. Vuela otra vez.
TOÑA—Ah, sí, ¿verdad? Porque gané yo. No se vale.
POLO—Es que es mujer. No sabe.
TOÑA—¿Y qué? ¡Yo gané!
VENDEDOR—Ándale. ¿Qué quieren?
TOÑA—Dos de a diez. *(Toman los dulces.)*
VENDEDOR—Echamos otro.

(Ellos se ven.)

POLO—Vuela. De a veinte. *(Lo echa.)*
VENDEDOR—Sol. *(Ve.)* Sol. ¿Otro?

(Ellos niegan. Él recoge la moneda y se va.)

TOÑA—¿Para qué le echaste otro? Ya habíamos ganado. Ahí estás, de picado. Ya desacompleté lo de mi camión. Y es re tarde. Ora cómo me voy a la escuela.

(Comen.)

TOÑA—De todos modos... no hice la tarea. *(Se limpia las manos en el vestido.)* ¿Tú no vas a la escuela?
POLO—No tengo zapatos. Hasta la semana que viene me los compran.
TOÑA—Pues vete así.
POLO—La maestra revisa al entrar si les dimos grasa. Ni modo que me dé grasa en las patas.
TOÑA—Me queda un veinte. ¿Compramos jícama?
POLO—Bueno.

(Ahora hay una vieja vendiendo jícama.)

POLO—Dos de a cinco.
VIEJA—Son de a diez.
TOÑA—Están re caras. Y chiquitas. A dos por quince, ¿no?
VIEJA—Ándele, pues.
TOÑA—Con chile.

(Las prepara, se las da, pagan, comen.)

POLO—Queda un quinto.

TOÑA—Lo guardamos, para el rato.

(Llegan al teléfono.)

POLO—*(Ocurrencia repentina.)* ¿No habrá hablado nadie?

(Entra a la caseta, alza la bocina, la cuelga de nuevo; cae un veinte, devuelto. Lo saca, atónito.)

POLO—¡Salió solito! ¡Cayó un veinte solo! ¡Mira, un veinte! ¡Lo alcé y salió!

(Toña entra corriendo y alza y baja la bocina, golpea el aparato, lo sacude, le mueve el disco, le jalonea el gancho, muy aprisa y con mucha violencia. Cuelga.)

TOÑA—Ya no salen más.

POLO—Ahí viene Maximino. ¡Quihubo!

(Lo saludan. Entra Maximino. Unos 23 años. Viste sudadera blanca, no muy limpia, pantalón de mezclilla viejo, zapatos tenis.)

MAXIMINO—Quihubo.

TOÑA—Nos encontramos un veinte en el teléfono. Éste lo alzó y salió solito.

POLO—Y yo le saqué otro, con un alambre.

MAXIMINO—Ándele y que les caigan.

TOÑA—¿Qué nos hacen?

MAXIMINO—Me los guardan cinco años, o más.

TOÑA—A poco. Por un veinte.

MAXIMINO—Pues claro.

TOÑA—Yo nada más le eché aguas.

MAXIMINO—Cómplice. Cuatro años.

(Breve silencio incómodo.)

POLO—¿Y tu moto?

TOÑA—*(Se le cuelga del brazo.)* Llévanos a dar una vuelta.

MAXIMINO—Está re fregada.

POLO—¿Qué le pasó?

MAXIMINO—La corrí mucho sin aceite, se desbieló, la patada quedó trabada...

(Toña se ríe.)

MAXIMINO—Mira ésta, ¿de qué se ríe?

TOÑA—Pues cómo que la patada, será la rueda.

POLO—Ay, tan bruta, la patada es la marcha.

TOÑA—Ay, sí, tú, tanto que entiendes.

POLO—¿Tú la vas a arreglar?

MAXIMINO—No, en el taller, cómo. Hay que rectificarla.

TOÑA—Lo que pasa, que esa motocicleta ni sirve.

POLO—Nomás estás hablando de hocicona, ni sabes nada de nada.

TOÑA—¡Y tú sí sabes! A poco es muy buena. Ya está rete usada.

MAXIMINO—(Con orgullo.) 250 centímetros cúbicos de cilindrada y un caballaje de 16. Nomás.

TOÑA—¿Y eso qué?

MAXIMINO—Eso quiere decir que es muy buena.

TOÑA—(Convencida.) Aaah. Pues yo la veía tan vieja...

MAXIMINO—¿Y ora qué hacen aquí? ¿No fueron a la escuela?

POLO—Yo no tengo zapatos y ésta se gastó el dinero de su camión.

TOÑA—Se lo gastó él, se lo jugó en volados.

POLO—Chismosa, vieja había de ser. Ella quiso jugar.

MAXIMINO—Te doy para tu camión.

TOÑA—De todos modos... No había hecho mi tarea. Mejor me haces una carta diciendo que estuve enferma. ¿Sí me la haces?

MAXIMINO—Bueno, ¿y qué digo?

TOÑA—Te la dicto luego.

MAXIMINO—¿Y adónde van a largarse toda la mañana?

POLO—Pues... a ver. Vámonos por la vía, tú.

TOÑA—Puros basureros hay allí.

POLO—Luego encuentra uno cosas. Y se ve pasar el tren.

TOÑA—¿Qué traes aquí? Déjame ver.

(La cartera de Maximino, que él trae en la bolsa posterior del pantalón.)

POLO—Ora, no tiente.

TOÑA—Deja ver.

(Le saca la cartera. Se sienta a ver lo que contiene. Max y Polo la observan, con paciencia masculina.)

TOÑA—Ay, qué guapo saliste en este retrato. Regálamelo.

MAXIMINO—Sí, se rompió la cámara. ¿Para qué lo quieres?

TOÑA—Para tenerlo. Regálamelo.

MAXIMINO—No, luego lo necesito y no tengo.

TOÑA—Si me lo das... lo pongo en mi espejo, en el cuarto.

POLO—Lo va a enseñar y va a decir que eres su novio.

TOÑA—Mentiras, qué te importa. Regálamelo.

MAXIMINO—Bueno, tenlo.

TOÑA—Pero escríbele algo, anda.

(Maximino encuentra esto muy difícil. Toma su lapicero, va a poner algo.)

MAXIMINO—No, para qué. Llévatelo así.

TOÑA—Escríbele, anda, escríbele.

(Maximino piensa. Se sienta y escribe dificultosamente. Se detiene. Piensa de nuevo. Escribe. Firma con gran rúbrica que apenas cabe en el cartoncito. Lo da, un poco ruboroso, a la muchacha.)

TOÑA—*(Lee.)* «Para mi amiguita Toña. Con sincero aprecio, de su amigo Maximino González». Lo voy a poner en mi espejo, en el cuarto.

POLO—Amiguita no lleva hache.

TOÑA—Ay, sí, tú, tanto que sabes, por eso sigues en quinto. A ver qué más traes. ¿Éstos son tus papás?

MAXIMINO—Sí.

TOÑA—Mira, tus papás. ¿Quién es ésta?

MAXIMINO—Mi chamacona.

TOÑA—¿Ésta flaca tan fea? Y está bizca.

MAXIMINO—Bizca estarás tú.

(Le quita la cartera, se la guarda.)

TOÑA—Está bizca. Tiene un ojo al norte y otro al sur.

(Maximino saca su cartera, ve la foto. La enseña luego.)

MAXIMINO—A ver, ¿dónde está bizca? Quisieras. *(Se la guarda.)*

TOÑA—Está bizca.

MAXIMINO—Ahí nos vemos.

TOÑA—Mentiras, no está bizca, no te vayas.

MAXIMINO—Ya me voy a chambiar. Es tarde.

POLO—Ándale.

MAXIMINO—Nos vemos. *(Va saliendo.)* ¿No quieres para tu camión?

TOÑA—No hice mi tarea. *(Maximino va a salir. Ella dice:)* Oyes, cuando me retrate, te doy uno, pero lo pones en tu cartera, ¿eh?

MAXIMINO—Sí. *(Sale.)*
TOÑA—*(Le grita.)* Salúdame a Ojitos Chuecos. *(Se ríe.)*
POLO—¿De veras está bizca?
TOÑA—Sí... No. *(Ve la foto.)* La voy a poner en mi espejo.
POLO—Maximino sí es cuate. *(Salen.)*

(Oscuridad a ellos, luz al basurero. Es una alfombra de basura. En torno a ella, plantas y ramas. Al fondo, la vía del tren.
Luz del día, sol radiante. Los pepenadores recogen papeles, alguna botella entera, revisan otros objetos de desecho que encuentran y los guardan o los tiran.
Ella lanza una pequeña exclamación y se ve el pie; ve un trozo de vidrio que la lastimó. Masculla algo. Sale cojeando.
El hombre la ve ir, sigue su tarea. Se arrodilla entre la basura; descubre un zapato, lo observa, lo deja.
Por la vía, que está al fondo, vienen Toña y Polo, haciendo equilibrios en un riel.
El Pepenador iba a salir, recogiendo lo que le sirve al paso. Ve a los muchachos. Se dirige a ellos.)

PEPENADOR—*(Aguardentoso.)* Borracho Joven, ¿no tiene un quintito?
POLO—No tengo.
PEPENADOR—Para curarme. Ando mal.

(Polo niega.) (Pepenador va a salir.)

TOÑA—¡Señor! Ora, Polo, dale. Señor, venga.

(Polo hace una mueca. Le da el dinero.)

PEPENADOR—*(Tan confuso que casi no se entiende.)* Dios los ha de favorecer. *(Sale.)*
TOÑA—¿Le diste todo?
POLO—Pues sí.
TOÑA—¡Te pidió un quintito! Ay, qué tarugo.
POLO—¡Pues tú dijiste que le diera!
TOÑA—Pero no todo. Te pidió un quintito.
POLO—Loca y además coda.
TOÑA—Ya ni modo. Huele re macizo aquí.
POLO—A basura.
TOÑA—A... yerbas. Sí, a yerbas re fuerte. Esas yerbas. Y huele a...
Hay muchas moscas. Ha de haber un animal muerto.

(Se pone a cantar a gritos una especie de acompañamiento de orquesta, baila.)

POLO—Tas loca, tú.

TOÑA—¿No sabes bailar? Mi hermana me enseñó éste, mira. *(Hace el paso, cantando.)* ¿No sabes?

POLO—Sí. *(Baila un momento con ella, luego se aleja. La deja bailando.)* ¡Una pieza de motor!

(Saca un fierro irreconocible, de entre la basura, le da vueltas perplejas entre las manos.)

TOÑA—¿Para qué sirve?

POLO—Para un motor. Se lo voy a llevar a Maximino. *(Lo deja a un lado.)*

TOÑA—Voy a hacer un ramo de flores.

(Empieza a cortar florecitas minúsculas. Grita.)

POLO—¿Qué pasó?

TOÑA—Me piqué. Tiene espinas. Ay, mamacita linda. *(Se chupa el dedo. Truculenta.)* Mira: me salió sangre.

(Canta y baila su paso nuevo, corta flores.)

POLO—Ayer fui a ver «El enmascarado negro contra los monstruos».

TOÑA—Yo fui a ver el domingo, «La mansión de la sombra negra». Me dio tanto miedo que en la noche grité, porque soñé cosas.

POLO—¿Qué soñaste?

TOÑA—Quién sabe. Re feo. Éstas son avispas. Hay muchas. Y pican.

POLO—Te pican si les tienes miedo.

(Él hace equilibrios en el riel.)

POLO—Hay unos tipos que caminan en alambres, rete alto; agarran un palo para hacer equilibrios y caminan. Se ha de poder.

TOÑA—Sí. Salen en el cine.

POLO—Pero ahí son puros trucos.

TOÑA—Yo vi una que se para sobre un caballo y luego va en un pie, así, y el caballo corre. Yo lo vi. En el circo.

POLO—¿Cuándo fuistes?

TOÑA—Una vez. Me llevó mi papá.

POLO—¿No que se murió tu papá?

TOÑA—Pues sí, pero antes me llevó al circo. Era re buena gente mi papá. También había un oso que andaba en bicicleta.

POLO—Qué chiste tiene andar en bicicleta.

TOÑA—Pues al oso le daba rete harto trabajo. Mira las flores que junté.

POLO—Tan poquitas.

TOÑA—Luego junto más, no me vayan a picar las avispas. ¡Mira! Esa lata está buena para maceta. Para una planta bien grande.

(Es una lata redonda, de buen tamaño. La va a tomar, no puede alzarla.)

TOÑA—Ay, pesa.

POLO—A poco. Ya. *(Le chifla su burla.)* No puedes alzarla.

(Va: tampoco él puede. Trata de nuevo: no puede. Se monta casi sobre ella, sin lograr levantarla. Ella se ríe tanto que se le caen las flores. Las recoge, riéndose.)

POLO—¿Y ora? ¿Qué le pasa a esto?

(Se ha asustado un poco. Toña se queda seria: nota algo irreal en el peso de aquello.)

TOÑA—¿No puedes?

POLO—*(Preocupado.)* No.

(Toña da un gritito. Se aleja apretando sus flores contra el pecho.)

TOÑA—Es muy raro que pese tanto.

POLO—Miedosa. *(Se aleja de la lata. Un silencio.)* A ver qué tiene esto.

TOÑA—Déjala mejor.

POLO—*(Le da vueltas con cautela.)* ¿Por qué pesará tanto? ¡Está llena de cemento!

TOÑA—¿Sí? ¿Por qué?

POLO—Ha de ser una de esas que agarran los albañiles para… cosas. Mira: está llena de cemento.

TOÑA—Ah. Eso era. *(Ve.)* Sí. Está llena de cemento. No sirve para maceta.

(Se pone a cantar y bailar su paso. Luego se pone unas florecitas en el pelo.)

TOÑA—Mira, qué tal.

POLO—*(Rueda la lata con el pie.)* Se puede rodar. A ver, ayúdame.

TOÑA—Espérate. *(Se pone otras flores.)* Ahora sí.

(Lo ayuda. Ruedan la lata.)

TOÑA—¿Dónde la llevamos?

POLO—Al otro lado de la vía. *(La ruedan hacia el fondo.)* Por allá está más difícil.

(La llevan rodando hacia lo más difícil: el fondo, a la izquierda. Se oye el silbato del tren.)

TOÑA—Apúrate, que ahí viene el tren.

(Se apuran. Están en lo más alto del terreno. Se oye lejos el silbato del tren. Se ven.)

LOS DOS—¡Vamos a ponerla en la vía!

(La idea les da risa nerviosa y alegre. Empujan. La lata pesa y en el suelo hay obstáculos, quiere regresarse. Ellos empujan. Suena el silbato, más cerca. Ellos empujan la lata. Salen. Silbatazos. El tren llega. La luz disminuye. Se oye el estruendo del descarrilamiento. Oscuridad. Relámpagos que iluminan a los muchachos en la misma postura, viendo fascinados.)

(OSCURIDAD)

VOCEADOR—*(Se le oye en lo oscuro.)* Lea la noticia del descarrilamiento. Grandes pérdidas. Grandes pérdidas. Grave desastre ocasionado por unos vagos. La prensa de hoy, la prensa de hoy.

(Luz. La Intermediaria está ante un enorme libro, puesto en un atril o en algo propio para hojearlo. Irá mostrando grabados enormes y minuciosos que hay en cada hoja. Son quizá grabados antiguos, podría pensarse en Durero, o en ciertas láminas botánicas o Zoológicas alemanas del XIX, o en los códices mexicanos [o en las tres cosas]. Están tenuemente policromados. Ella viste en colores algo más claros.)

INTERMEDIARIA—En este libro hay imágenes de animales. *(Lo abre.)* Daré noticia de ellos. El perro está inscrito aquí como guardián de la integridad física del hombre que le haya sido designado. Único entre las bestias, posee sentido de propiedad, siempre nos dice: «mi casa, mi patio, mi árbol, mi dinero, mi amo, mi amor». Lo cuida y lo defiende como un avaro, como un apasionado; descubre así ladrones, descubre a pedigüeños, descubre cobradores, y a todos ladra y agrede. «Yo protejo a mi amo y al mundo». Él cree que su casa es el eje del mundo. *(Otra hoja.)* El gato cuida la integridad espiritual de quienes considera sus amigos. Él recoge las sombras, él expulsa las malas voluntades; hace pequeños sacrificios sangrientos por el bien de la casa; mata ratones huidizos, aves canoras y pollos asombrados: luego, con la presa entre los dientes realizará un rito. En la noche va a la azotea: analiza los halos, las ondas, los vapores, consulta el aire, se le confían tareas, corre y da gritos espeluznados, se perpetúa... O se entrega gustoso a los estragos de algún rayo secreto, que estaba destinado a personas de su más alta estimación. Por eso hay gatos que perecen de manera enigmática. *(Otra hoja.)* La gallina es un gran almacén alimenticio: da diariamente, con un esfuerzo dulce, huevos de rigurosa estética que encierran en su cáscara una explosión inmensa de corrales; y preguntas eternas, como: ¿quién fue primero?... Mas cuidado si al partirlos hay en la clara nubarrones o la yema es confusa: tal vez alguna vieja limpió un cuerpo de pasiones y enfermedades con ese huevo, tal vez hemos quebrado la pequeña caja de una Pandora de la vecindad, y mientras ella ríe su salud recobrada, nosotros nos hallamos a un paso de ingerir sus viejos males. *(Otra hoja.)* Cuidado con los peces de colores: hacen círculos caprichosos, tejen, destejen, tejen escrituras oceánicas, ven con sus ojos muertos a través del cristal y llaman con sus aletas, llaman enfermedades escamosas, giran y van y vienen y hacen signos que más vale ignorar y que leemos cuando ya es tarde. Cuidado con las peceras. Sus mejores guardianes son los gatos. *(Otra.)* Las mariposas dicen cosas profundas. Dicen: fugacidad, misterio. Dicen: «Amamos los cambios sorprendentes». Dicen: «Todo es posible». Dicen: «Todo se vale». *(Otra.)* Hay las serpientes, con un secreto fulminante y profundo a flor de labio. *(Otra.)* Hay las abejas, que saben de la energía solar y de la luz lo que no sospechamos siquiera. Hay... hay muchos libros. Y muchas advertencias...

(Se queda asintiendo, con un dedo en los labios, mientras la luz se desvanece.

Luz cenital a primer término.

Está un puesto de periódicos. El muchacho que los vende al lado. Un señor y una señora ven los periódicos desplegados.)

SEÑORA—*(Come algo.)* ¿No dice nada del descuartizado?

SEÑOR—Unos vagos descarrilaron un tren. Qué bárbaros. Le pusieron un bote con cemento, para voltearlo.

SEÑORA—*(Pensando en otra cosa.)* Salvajes, puros salvajes tenemos aquí. *(Interesada.)* ¿Hubo muertos?

SEÑOR—No. Era un tren de carga. Se voltearon carros. Mira qué caras. Dice que tienen... doce y catorce años. Parecen de 40.

(Luz al fondo: dos fotos enormes de Toña y Polo, tan siniestras como cualquier foto de policía: se ven avejentados y asustados, capturados a la mitad de alguna leve mueca desconcertada.)

SEÑORA—*(Distraída.)* Es el vicio. Esa gente es viciosa desde chica.

SEÑOR—*(Viendo si viene el camión.)* ¡Ha de ser la miseria!

SEÑORA—Sí, la miseria es horrible. ¿No decía nada del descuartizado?

SEÑOR—Allá viene el camión.

(Van a tomarlo.)

VOCEADOR—Noticias, la prensa de hoy...

(OSCURIDAD)

(Luz a la Maestra, que avanza a primer término, muy polveada, rizada «permanente», boca pequeña muy roja; tiene unos 60 años.)

MAESTRA—Antes de que empecemos la clase quiero que sepan algo muy triste y vergonzoso para esta escuela: un compañero de ustedes, Leopoldo Bravo, ha cometido un acto delictuoso y se encuentra preso. Como dice bien el periódico, ha sido culpa de la vagancia y *(Lee.)* la malvivencia. Ese muchacho estaba repitiendo el quinto año, no sé por qué lo admitieron. ¡No vamos a admitir reprobados el año entrante! ¡Lo oyen! Vagancia, estupidez y... falta de civismo. *(Lee.)* Los delincuentes juveniles quedaron inmóviles junto a la vía, viendo su obra. Fueron capturados fácilmente. *(Asiente, busca otro trozo ejemplar.)* Debe culparse también al abandono de los padres *(Asiente.)* que dejan a sus hijos entregados a la vagancia, y al descuido de los maes... *(Calla. Dobla el periódico.)* Pues ya lo saben, eso pasó. Se lo he dicho porque esto tiene una lección para todos: no deben andar de vagos. Tú, Martínez Pedro, que nunca traes la tarea, óyelo bien: tu amigote ya está en la cárcel. Y tú, Antúnez, fíjate: si repruebas, ¡no vuelvas a esta escuela! Y acuérdense que deben traer su uniforme blanco para el lunes, sin falta, o no serán recibidos. No hay pretexto: no me salgan con que no tienen para comprarlo, que en otras cosas sí gastan. Ahora, vamos a ver, los quebrados. Tú mismo, Antúnez, dinos: ¿qué es el común denominador?

(OSCURIDAD)

(Dos estudiantes universitarios leen el periódico.)

LA ESTUDIANTE—¿Ya viste? Unos chamaquitos descarrilaron un tren. Éstos, mira.
EL ESTUDIANTE—Qué bárbaros. ¿No se mató nadie? *(Lee.)*
LA ESTUDIANTE—No, de casualidad. Era un tren de carga.
EL ESTUDIANTE—Qué vaciados escuincles. Se volaron la barda. *(Ríe.)*
LA ESTUDIANTE—Se voltearon dos carros y la máquina se llevó un árbol de corbata. ¡Se rompió toda! *(Se ríe.)* ¿Pero qué les daría por hacer eso?
EL ESTUDIANTE—Puntada.
LA ESTUDIANTE—Qué tipos, se inspiraron. *(Se ríen.)*

(OSCURIDAD)

(El taller. Maximino trabaja en un motor. Suena el teléfono.)

MAXIMINO—Bueno. —«Afinaciones Larrañaga». —Yo soy, habla Maximino. —Ah, quihúbole. —¿Cuáles cuates míos? —¿A la cárcel? —¡Cómo va a ser! —¿A lo macho? —¡Les cayeron en un teléfono! —¿Un qué? ¡Un tren! —¿Cómo que descarrilaron un tren? ¿Palabra? —¿Adónde se los llevaron? —Ssss… Chin. Qué bruto. Pero cómo va a ser. Bueno, a ver qué se hace. —Sí, son mis cuates, qué bueno que avisaste. Ándale, adiós. *(Cuelga.)*

(Se queda pensativo. Entra el dueño del taller. Viste unión de mezclilla.)

MAXIMINO—Don Pepe, voy a tener que irme. Se llevaron unos amigos a la cárcel.
DON PEPE—¿Y tú por qué andas metido en eso?
MAXIMINO—A mí nomás me acaban de avisar. Son cuates.
DON PEPA—¿Qué hicieron? ¿Por qué se los llevaron?
MAXIMINO—Descarrilaron un tren.
DON PEPE—*(Aterrado.)* ¡Comunistas!

MAXIMINO—No, no. Son dos chamaquitos, chicos. Los ha de conocer. A veces los traigo hasta acá, en la moto. Polo y Toña.

DON PEPE—*(Mueve la cabeza.)* Le hicieron algo a un tranvía. Por ir allí colgados...

MAXIMINO—No, tren. Ferrocarril. Dicen que lo voltearon, no sé bien.

DON PEPE—Bueno, anda, pero regresas en una hora y acabas con esto que me lo encargaron de urgencia.

MAXIMINO—Sí, claro.

DON PEPE—Lo que tardes, luego te quedas.

MAXIMINO—Sí, seguro. Seguro. *(Va a salir.)* Don Pepe... Si llegara a hacer falta... ¿usté podría prestarme... algo de dinero?

DON PEPE—Siempre acaban en eso las cosas. ¿Qué no tienen familia?

MAXIMINO—Pues... yo no creo que las familias puedan.

DON PEPE—A ver. Luego hablamos. A ver.

MAXIMINO—Gracias. *(Sale.)*

DON PEPE—Pero, ¿qué coños andaban haciendo con ese tren?

(OSCURIDAD)

(El basurero. El Pepenador viene del tren, feliz, cargando un costal.)

PEPENADOR—Ora, córrale que hay hartos tirados. ¡Se salieron de los carros!

(Viene la Pepenadora hacia el tren.)

PEPENADORA—Yo me llevé uno de frijol.

PEPENADOR—¡Hay azúcar! Ese tren traía puros carros de comida.

(Salen cada cual por su lado, corriendo. Vienen una muchacha y un muchacho.)

MUCHACHA—¿No nos dirán nada?

MUCHACHO—No hay nadie cuidando. Ándale, se quedó el carro abierto.

MUCHACHA—Está volteado.

MUCHACHO—Pues sí. Ni quien diga nada. Ándale, que al rato llegan los policías.

MUCHACHA—¿No venía gente en el tren?

MUCHACHO—Se fueron a declarar.

(Salen corriendo. Vuelve la Pepenadora, con dos costales, que apenas puede. Ve venir otros y les dice:)

PEPENADORA—Apúrense, que hay hartas cosas.

(Entra una Señora de rebozo, muy pobre de aspecto.)

SEÑORA—Virgen Santa, ¿no estarán vigilando?

PEPENADORA—Dejaron a unos, pero también sacaron bultos y se los llevaron a sus casas. *(Ya tomó aire. Sale corriendo.)* Orita no hay nadie.

SEÑORA—Virgen Purísima, yo creo que esto es un robo. *(A un hombre que viene.)* Ay, señor, ¿no será robo llevarse cosas del tren?

SEÑOR—Ah, ¿qué se puede?

SEÑORA—Dicen que no está nadie vigilando. ¿No será robo?

SEÑOR—*(Piensa.)* Pues mire usté: si es robo... ni modo.

SEÑORA—Ay, Dios. *(Se persigna.)*

SEÑOR—*(Convenciéndola.)* Total...

SEÑORA—Esos costales han de pesar tanto...

SEÑOR—Yo la ayudo. ¿Dónde vive usté?

SEÑORA—Allá al final de la colonia.

SEÑOR—Yo también vivo por ahí. Ándele.

SEÑORA—Mi señor es tan serio, a ver si no le dicen que llegó usté conmigo. En fin... ¡Ya estaría de Dios!

(Salen, corriendo casi. Vuelven los Muchachos, cargando costales.)

MUCHACHA—Hay que apurarse o se llevan todo.

MUCHACHO—Ni en veinte viajes.

MUCHACHA—Voy a traerme a mi hermanilla. Está chica, pero algo podrá cargar.

(Salen. Vuelven los Señores, cargadísimos.)

SEÑORA—Virgen Pura, yo creo que esto es un robo.

SEÑOR—Qué robo ni qué la fregada; maíz y frijolitos.

SEÑORA—Les voy a avisar a mis hermanos, que tienen tantos niños. Lástima que los míos estarán en la escuela, no pueden venir a ayudar. Cómo pesa esto.

(Salen. Se cruzan con los Pepenadores, que vuelven.)

PEPENADOR—Me voy a echar todo adentro de mi costal.

PEPENADORA—Pues sí, tapamos con papeles, por si nos caen. Yo le avisé a mi comadre: también tiene derecho a tragar, ¿o no? Orita viene con sus chamacos.

PEPENADOR—Hay que avisarles a todos. ¡Hay harto! *(Salen.)*

(OSCURIDAD)

(Entra la Intermediaria, con ropas todavía más claras. Su relato será ilustrado por dos bailarines.)

LA INTERMEDIARIA—Voy a contar la historia de los dos que soñaron. Eran dos hombres buenos, llenos de fe, que vivían uno en el pueblo de Chalma, famoso en todas partes por su santuario, y el otro en el pueblo de Chalco, famoso en todas partes por su santuario. Una versión nos dice que estos dos hombres eran hermanos. Otra añade que eran gemelos, y extraordinariamente parecidos. En otra más se dice que, simplemente, eran amigos. Y sucedió que soñaron. La misma noche, a la misma hora, cada cual en su pueblo: soñaron. Y éste fue el sueño que soñaron: Una figura prodigiosa, radiante, llena de signos milagrosos, advirtió a cada uno: «Debes ir inmediatamente al pueblo donde vive tu amigo, tu hermano. Debes estar con él antes de que pasen tres días y los dos juntos deben cumplir una manda de baile y rezos, allí en el gran santuario a cuyo lado él vive». Ellos, postrados, asentían en el sueño. Y la figura repitió con gran énfasis: «Antes de tres días, no después. Y los dos juntos, no cada quien por su lado, y allí en el gran santuario a cuyo lado él vive». Despertaron sobresaltados y contaron el sueño a sus esposas. Y al hablar les parecía oír, todavía, el sonido de muchas campanitas de barro y de una persistente flauta de carrizo. Ambos salieron de sus pueblos, uno de Chalma rumbo a Chalco, otro de Chalco rumbo a Chalma, para contar al otro la noticia y cumplir esa manda milagrosamente pedida. Algo después de un día de camino se encontraron los dos a la mitad exacta de la ruta. Y se contaron sus dos sueños, que eran el mismo, como la imagen de dos espejos contradictorios. No pudieron entonces decidir a qué pueblo marchar juntos: ¿a Chalma o a Chalco? Tiraron una moneda al aire y se perdió al caer, en una grieta del suelo. «Es un signo», dijeron, y allí mismo acamparon para esperar otra señal, u otro sueño.

Comieron, durmieron, despertaron y el plazo se agotaba. La señal no llegó. El terror del prodigio contradictorio iba creciendo en ellos y la señal no llegó. En un principio, no fue ya tiempo de ir a los dos santuarios. Y no era ya tiempo ahora de ir a ninguno. La señal no llegó y ellos al fin decidieron cumplir allí mismo la manda. Era un lugar de maleza y rocas: lo desmontaron con sus machetes, removieron juntos las rocas, hasta dejar limpio un terreno del tamaño del atrio de una iglesia extremadamente pequeña. La noche había caído y un vientecillo fresco y polvoriento les secaba el sudor del cuerpo. Bebieron unos tragos de mezcal, luego bailaron y rezaron, bailaron el complicado diseño rítmico que les habían legado sus padres, rezaron las oraciones aprendidas en la infancia, dos hombres fatigados y sucios, adornados con plumas y con espejos, bailaron y rezaron en la nocturna ambigüedad de aquel monte sin respuestas, bajo el baño de polen que chorreaban las nebulosas a medio abrir. Después, el plazo había vencido y ellos ya no podían cumplir mejor los caprichos de aquel ser arbitrario que les hablaba en sueños. Se despidieron, volvieron a sus casas antes de que los cielos se agrietaran con el amanecer, sintiendo ambos que los propósitos de la Providencia se habían quedado a medio cumplir. *(Empieza a retirarse. Casi al salir, se vuelve.)* ¿Y saben lo que pasó con el terreno que los dos hombres desmontaron y limpiaron para bailar? *(Calla. Ve a todos. Semisonríe con malicia.)* Ésa ya es otra historia. *(Sale rápidamente.)*

(OSCURIDAD)

VOCEADOR—*(Exhibiendo sus periódicos.)* Lea lo que hicieron los jóvenes chacales. Medio millón de pesos cuestan los rebeldes sin causa. Noticias, noticias… *(Sale.)*

(Luz a la mamá de Toña: arregla un morral y paquetes. Entra una de sus hijas [Paca] con un periódico.)

PACA—Mira, aquí también salió Toña.

MADRE—A ver… Sale muy fea.

PACA—En el otro estaba mejor. ¿Qué le llevas?

MADRE—Una cobija, ropa y unos dulces de esos que le gustan. Es tan lejos… A ver si hoy llego a tiempo. Si otra vez no me dejan entrar, mañana te vas tú al hospital en lugar mío, ya les dije, y así yo veo a tu hermana.

PACA—Hay que tirar bacinicas…

MADRE—Sí, y tu madre las tira todos los días. No veo por qué tú no.

PACA—Yo quería ir contigo a ver a Toña.

MADRE—Tú vas a cuidar aquí a tus hermanas, no vayan a andar también descarrilando trenes.

PACA—Pero qué puntada de Toña. *(Se ríe.)*

MADRE—No te rías, que no es un chiste.

PACA—Pues a quién se le ocurre, ¡Toña está re loca!

MADRE—*(Casi se ríe.)* Ay, Toña, siempre haciendo diabluras. *(Reflexiona.)* Yo creo que no la van a dejar salir pronto.

PACA—¿Se va a quedar presa?

MADRE—Eso no es cárcel. Es... como escuela de internos. *(Se seca los ojos.)* La falta de un padre, es lo que pasa. ¿Por qué se le ocurriría hacer eso?

PACA—El periódico dice unas cosas re feas de ella.

MADRE—Trae acá. *(Va a romperlo con furia.)*

PACA—Espérate, déjame cortar el retrato. Polo salió chistoso, mira qué cara pone.

MADRE—Ay, qué muchacha. La que más me ayudaba. Tan buena... Pobrecita.

PACA—*(Cortando el retrato.)* Yo creo que va a salir. Pues para qué la encierran, ni modo que vaya a pagar el tren.

MADRE—...Dirán que para... que no lo vuelva a hacer.

(Recibe el diario, lo rompe ya sin convicción, melancólicamente, en varios pedazos.)

PACA—Ay, sí, va a seguir descarrilando trenes.

MADRE—Es muy tarde, yo creo que hoy tampoco vamos a llegar. Ayer me decía un hombre que dejara las cosas con él: sí, orita. Son más ladrones los que cuidan que los de adentro.

PACA—*(Se quita un prendedor.)* Llévale este prendedor. Siempre le gustó mucho y yo me enojaba con ella si se lo ponía. Dile que se lo regalo.

MADRE—Bueno. Hay que avisar a la escuela, que quién sabe cuándo va a volver. Yo creo que esta muchacha va a perder el año.

(Salen. Cambio de luz. Polo en una silla, su madre en otra. Sombra de rejas.)

MADRE—*(Llorando.)* Esta desgracia nos había de pasar. No basta con que tu padre sea borracho y desobligado, tenías que andar tú de salteador, hasta en el periódico saliste. Ya les dije allá afuera: que no piensen que les vamos a pagar ese tren, ¿pues con qué? La señora donde trabajo se espantó mucho cuando vio tu retrato. Yo hasta pensé que iría a correrme. Tanto luchar para que estudies, y ya ves. Debí dejar que te pegara tu padre cada vez que se le ocurría, tiene razón, es culpa mía por haberte consentido tanto. Lo que yo digo, ¿pues por qué son tan brutos, usté y la otra sonsacadora, que se quedan ahí parados? ¿Eh? ¿Pues no podían echarse a correr? ¡Ahí se quedan viendo, hasta que llega la policía y los pesca!

POLO—*(Quedito.)* No fue la policía.

MADRE—¿Qué dices?

POLO—*(Quedo.)* Que no fue la policía. Fue el maquinista del tren.

MADRE—¿Y no podía usté correr? ¿Para qué tiene las patas? *(Llora.)* Ahora que iba a comprarte tus zapatos, esta quincena. Mi patrona conoce un señor que es rete buen abogado, pero quién sabe cuánto cobre. Y el periódico dice que ese tren valía medio millón de pesos. *(Se enfurece. Lo sacude.)* Pero si lo había yo de matar a golpes, por tarugo. ¿Quién no lo ve, tan mustio? Cabresto mocoso tan idiota, ¿ya ve dónde vino a dar? *(Se desploma llorando.)* Y ahora van a tenerte aquí, quién sabe cuánto tiempo, revuelto con una bola de criminales. Tu papá tenía razón, te he consentido mucho, te he tenido pegado a mí, te extraño todo el tiempo, y hasta he pensado, Dios no lo quiera, que cómo no fue mejor a alguno de tus hermanos al que se llevaron. Así es una, siempre engreída con lo peor. Ay, Polo, cómo le vamos a hacer para que salgas. Cómo le vamos a hacer.

(OSCURIDAD)

(Entra el Voceador. Sus periódicos son ahora hojas llenas de manchas, como las pruebas de Rorschach. Las enseña, voceando:)

VOCEADOR—Noticias, noticias, lea sus noticias en la prensa. Jóvenes esquizoides producen grave trauma público... Momento de obnubilación que cuesta medio millón de pesos... Noticias de hoy. Noticias de hoy... *(Sale.)*

(Entra el Primer Profesor, viste exageradamente bien.)

PROFESOR—Nuestro siglo ha venido poniendo un énfasis especial a los problemas colectivos. Es natural, en cierto modo: vivimos masivamente. La industrialización, el sindicalismo, los enormes problemas urbanos colocan ante nuestros ojos grandes conglomerados humanos. Grandes conglomerados... *(Sonríe.)* ...de individuos. Aquí está el núcleo: en el Yo. Un Yo complejo, compuesto de muchas capas que se envuelven unas a otras, como... como las hojas de... una rosa. Somos intrincados, y la palabra «complejo» ha arraigado de tal manera en el lenguaje cotidiano que ya la usa el paciente común, digo, el hombre común, como si se tratara de algo simple. Desentrañar complejos es descubrir los engranajes que mueven los hilos de la conducta cotidiana, que conducen a los núcleos traumáticos. Debemos llevar por ellos la inteligencia del paciente, hasta que él mismo descubra la secreta razón de sus impulsos. El inconsciente maneja el acto fallido como una especie de formulación explícita, y la más neutra de las conversaciones manifiesta una carga de contenido oculto que, interpretado correctamente, nos conduce al diagnóstico en cuanto a aberraciones de la conducta. Tornemos un hecho difícilmente explicable si lo consideramos acto consciente: dos adolescentes descarrilan un tren. Algunos antecedentes nos permitirán volver explícitos los factores sumergidos del caso. Formulándolos, veremos cómo se vuelve lógico y coherente.

(Se hace a un lado.)

PROFESOR—Polo está en la cabina de teléfonos tratando de sacar la moneda. Toña «echa agua». Observen ese puente verbal: «echar agua».

(Vemos a Polo y a Toña como él ha dicho.)

PROFESOR—Los teléfonos son símbolos de comunicaciones *sexuales.*

TOÑA—Cuando yo era muy chica, observé que unos perros estaban haciendo cosas… Ya sabes, cosas. Hasta que llegó mi mamá y les echó una cubeta de agua, para separarlos. Yo echo aguas para que se interrumpa la comunicación. Apúrate a sacar la moneda, que viene un hombre a usar el aparato.

(Polo va junto a Toña. Viene el hombre.)

TOÑA—*(Feroz.)* No sirve. No puede usted usar el aparato.

(El hombre se va, frustrado. Polo saca la moneda.)

POLO—Mi padre toma y siempre quiere pegarme. No lo quiero. Ya saqué la moneda y me alegro que se interrumpa la comunicación. Con esto, voy a comprar plátanos y te voy a dar.

TOÑA—Con esto quiero alegrías. Mi padre siempre me dio alegrías.

(Actúan velozmente la escena de los volados.)

PROFESOR—Ahora buscan perder con rapidez el dinero obtenido. Esto pone de manifiesto lo simbólico del acto y el deseo de autocastigo.

(Viene Maximino y Toña se cuelga de su brazo.)

TOÑA—Tú eres mi figura paterna. Quiero pasear contigo en tu motocicleta.

PROFESOR—Las motocicletas son símbolos sexuales.

POLO—Yo también quiero pasear contigo en tu motocicleta.

PROFESOR—La sexualidad anormal es normal en todos los seres humanos. El incesto, el fetichismo, la homosexualidad, están normalmente latentes en *todos* nosotros. Son simples etapas que superamos si no hay elementos traumáticos que nos impulsen a la regresión.

MAXIMINO—Mi moto está fregada.

POLO—¿Qué le pasó?

MAXIMINO—Se le pegó el motor y el pistón se dobló.

(Toña se ríe.)

PROFESOR—Observen esa risa.

POLO—*(Con pasión.)* Ella no sabe nada de motos y yo sí. Hazme caso a mí, a mí, hazme caso.

TOÑA—*(A Maximino.)* Lo que pasa, que tu motocicleta está muy usada. Ahora, busco pretexto para palparte el cuerpo.

POLO—No lo tientes.

(Ella sacó la cartera.)

TOÑA—Qué guapo saliste en este retrato. Regálamelo. Escríbele algo. Lo guardaré.

PROFESOR—Fetichismo.

(Maximino escribe.)

POLO—*(Rencoroso.)* La prefieres a ella y escribes amiguita con hache. Yo quiero esa foto pero no me atrevo a pedirla. Destruiría yo a los dos, a ella y a ti.

TOÑA—Odio a tu novia. La odio. La mataría. Le sacaría los ojos. Es bizca. Es horrorosa.

(La escupe.)

PROFESOR—Vemos nacer el primer impulso destructor. Observen la asociación: novia-máquina descompuesta.

(Sale Maximino.)

PROFESOR—Aquí está el basurero junto a la vía. No es ocioso aclarar que, por naturaleza, dentro de cada uno de nosotros existe un basurero.

(El basurero: ahora, en las plantas y en los objetos, hay sugerencias sexuales más o menos discretas.
Toña y Polo bailan, sin cantar.)

PROFESOR—Observen la mecánica del baile. Hay una mutua descarga de libido. Polo alterna la actitud viril con la pasiva. Toña es, alternamente, madre y amante.

(Cesa el baile. Polo levanta la pieza de motor, que ahora tiene una forma algo sospechosa.)

POLO—¡Una pieza de motor! Se la voy a llevar a Maximino.
TOÑA—¡Sangre! Mira, he sido desflorada.
POLO—Fui a ver una película donde un superyó combate sádicamente y triunfa.
TOÑA—Yo fui a ver el domingo una realización simbólica de incesto masoquista. Después soñé cosas gratificantes y la censura me despertó gritando de culpa. Por supuesto, olvidé todo.
POLO—*(Haciendo equilibrios.)* Los alambristas son como un sueño de vuelo realizado.
PROFESOR—Los sueños de vuelo son realizaciones *sexuales.*
TOÑA—Yo me identifiqué con una caballista, de pie sobre un gran caballo al galope. Mi padre me llevó al circo.
PROFESOR—Los caballos son símbolos *sexuales.*
TOÑA—*(Exaltada.)* ¡Osos en bicicleta, caballos al galope! ¡Circo! ¡Lleno de fieras *masculinas!* Flores de virginidad acosadas por avispas con largos aguijones que pican y sacan... ¡sangre! Y allí hay una lata redonda y hueca como mi vientre, para sembrar flores.

(Polo va a levantarla. No puede.)

POLO—Este vientre materno es fascinante y aterrador.
TOÑA—¡Me da miedo! ¡Me da miedo!
POLO—Hay que rodarlo al otro lado de la vía.
PROFESOR—La vía: comunicación, símbolo idéntico al teléfono. Aquí van a realizarse los contrarios, como en los sueños: impulso para lograr *cruzar la vía,* ¿ven el símbolo?, y al mismo tiempo *obstruirla.*

(Polo y Toña ruedan la lata gritando:)

POLO—¡Incesto! ¡Libido! ¡Maximino!
TOÑA—¡Desfloración! ¡Maximino! ¡Padre!
LOS DOS—¡Tanatofilia! ¡Crimen!

(Se escucha el tren que se acerca.)

PROFESOR—Psicología: cuanto parece inexplicable en la conducta del hombre... puede ser explicado.

(El estruendo del descarrilamiento.)

(OSCURIDAD)

(Relámpagos.)

(OSCURIDAD)

(Luz al Voceador: trae diarios rojos y negros.)

VOCEADOR—¡Noticias! ¡Noticias! ¡Atentado a las vías de comunicación! ¡Descarrilamiento que viene a denunciar la falta de garantías de los trabajadores! ¡Lea la prensa de hoy, la prensa de hoy! *(Sale.)*

(Entra un segundo Profesor. Viste con cierto descuido, algo fuera de moda.)

PROFESOR—Las manifestaciones de lo individual no pueden ser juzgadas sino en función de la colectividad. El individuo aislado *no existe*. Somos seres sociales. Robinson Crusoe vive solamente en función de una sociedad de la cual ha sido casualmente segregado. Hemos sido testigos del hecho comentado por la prensa: una clara expresión de la lucha de clases. Protagonistas: dos niños proletarios.

(Principia la escena del teléfono.)

TOÑA—Apúrate, creo que viene un burgués.

(Llega el hombre.)

TOÑA—No sirve ese teléfono, como la empresa es un monopolio dan muy mal servicio.

(El hombre se indigna, maldice el aparato y se va. Los niños se burlan de él.)

PROFESOR—Observen funcionar el ingenio, una de las armas típicas del Pueblo. Ahora, ante esa máquina, que no está puesta a su servicio, la niña tiene un primer gesto de rebeldía.

(Toña golpea el teléfono, lo sacude.)

TOÑA—¿Qué compramos?

POLO—Plátanos, que son un alimento completo.

TOÑA—Alegrías, que contienen más calorías.

POLO—Tuvimos un desayuno muy deficiente.

TOÑA—Es típico de la sociedad capitalista en que vivimos.

PROFESOR—La falta de un adecuado poder adquisitivo en las monedas, hace que se busque la compensación en el azar. Rasgo típico en los países subdesarrollados: la afición popular al juego.

(Vemos en pantomima la escena de los volados y la compra de jícama. Los niños comen vorazmente.)

TOÑA—¿No vas a la escuela?

POLO—No puedo ir.

TOÑA—¿Por qué?

POLO—Por las exageradas peticiones económicas de un mal sistema educativo. Gasto en transportes, exigencias de la maestra, ¿pues cómo?

TOÑA—¡Los locales son insuficientes! Se han de portar así para ahuyentarnos.

PROFESOR—Van a encontrarse ahora con un compendio vivo de sus aspiraciones juveniles: un joven obrero.

(Entra Maximino, muy limpio y planchado, radiante.)

PROFESOR—Un auténtico representante de su clase: explotado, solidario, abnegado, incorruptible, fraternal, vigoroso, alerta. Con el ejemplo, él va inculcándoles ideas y principios.

MAXIMINO—¿Y adónde piensan ir toda la mañana?

POLO—Pues... a ver. Vámonos por la vía, tú.

TOÑA—Puros basureros hay allí.

POLO—Luego encuentra uno cosas. ¡Y se ve pasar el tren!

PROFESOR—En el rostro de Maximino ellos leen cómo el sindicalismo corrupto, que ha entregado a los trabajadores al poder del capitalismo, ha hecho que los trenes en que se hizo nuestra Revolución corran cargando las mercancías de los monopolios.

(Muda expresión entre los tres. Ella ve la cartera de Maximino.)

PROFESOR—Ahora la niña solicita una foto: ella no va a tener entronizados a los ídolos falsos de las industrias cinematográficas que sirven al imperialismo: ella va a guardar la imagen de un camarada.

TOÑA—¿Quién es ésta?

MAXIMINO—Mi chamacona.

TOÑA—*(La observa. Advierte con cautela.)* Está bizca. Tiene un ojo al norte y otro al sur.

MAXIMINO—¿Qué quieres decir con eso?

TOÑA—Que es pequeño-burguesa y sus ideas son estrábicas. Ten cuidado.

(Maximino sale, muy preocupado.)

PROFESOR—Podemos ver ahora una expresión de los bailes con que el capitalismo corrompe el verdadero espíritu del pueblo.

(Toña y Polo bailan ridículamente. El basurero es retocado: en vez de símbolos sexuales se advierten ahora las marcas de muchos productos yanquis, de chicles, refrescos, etc.)

PROFESOR—La auténtica expresión de la alegría vital de estos niños sería otra.

(Toña y Polo bailan un jarabe.)

PROFESOR—Adviertan que el basurero es una imagen elocuente de lo que hace una producción sin planeamiento, y de las falsas necesidades que crea. Vean ahora la relación fraternal de los niños con el proletariado lumpen.

PEPENADOR—*(Muy enfermo.)* Ayúdeme a curarme ando muy mal.

TOÑA—Ayúdalo. Ellos no tienen seguridad social.

POLO—Nosotros tampoco: es para unos cuantos privilegiados.

(Se despiden fraternalmente del Pepenador. Luego, ven la lata y casi se sobresaltan: se consultan con la mirada, vuelven a ver la lata.)

PROFESOR—Atestiguamos el nacimiento de una confusa conciencia social. Las contradicciones extremas producen resultados extremos.

TOÑA—Deja esa lata. Me da miedo.

POLO—El terror es el principio de las revoluciones.

TOÑA—Se talan los árboles en beneficio del bosque…

POLO—¿Y quién va a culpar al leñador que despeja el campo para la siembra?

(Se escucha un himno. Los muchachos empujan el bote con gesto heroico. Se escucha el tren. Descarrilamiento. Oscuridad. Relámpagos, que ahora son más largos y nos permiten ver cómo los niños permanecen unidos en actitud estatuaria, mientras los Pepenadores y los otros personajes del barrio saquean el tren, como en un desfile triunfal. Entra Maximino y completa el grupo escultórico.)

PROFESOR—El hombre es Economía. La Vida entera descansa en la infraestructura económica. No hay aquí ningún acto inexplicable, sino típico de su Clase, hasta en la falta de verdadera dirección intelectual.

(OSCURIDAD)

(Luz a Maximino y Toña, sentados. Sombra de rejas.)

MAXIMINO—Pero qué brutos son. Cómo se les va a ocurrir, voltear un tren.

TOÑA—*(Muy apurada.)* Pues nada más queríamos ver qué pasaba.

MAXIMINO—Ya vieron. ¿No se les ocurrió que alguien pudo matarse?

TOÑA—Pues luego sí, por eso ni corrimos. Nos dio tanto susto que ahí nos quedamos tiesos. Ay, se vio re feo.

MAXIMINO—Pues claro. La máquina medio se cayó, tres carros se voltearon y se rompieron. Y luego vinieron una bola de tipos de ese rumbo y se robaron las mercancías. ¿Sabes cuánto costó el chiste? Medio millón de pesos.

TOÑA—¡Tanto! *(Se queda pensando.)* ¿Como cuánto será eso?

MAXIMINO—Pero qué brutos son. Yo quería ver si pagando una multa salíamos fuera, pero qué va. Éste fue un chiste muy caro.

(Un silencio.)

TOÑA—*(Truculenta.)* Hay unas niñas conmigo que le echaron una olla de agua hirviendo a un señor, cuando les fue a cobrar la renta. Que dizque no fue adrede, ¿tú crees? Y hay una chamaca que vendía mariguana. Y luego hay otra que cobraba dinero por enseñar encueradas a unas niñas, ¡y les cayeron las mamás de las niñas! Pero ella dice que a las niñas sí les gustaba mucho encuerarse, ¿tú crees? Y luego hay otra…

MAXIMINO—*(Desesperado.)* Tú no te juntes con ellas, no les hables. A nadie.

TOÑA—Son buenas gentes. Son más cuatas que mis amigas de la escuela. Les dio harta risa que yo haya volteado un tren.

MAXIMINO—¿Ya ves? No les hables. Bola de escuinclas sinvergüenzas y puercas, criminales.

TOÑA—*(Triste.)* Eso dice el periódico de mí.

MAXIMINO—*(Abraza a Toña.)* De todos modos, no vayas a juntarte con ellas.

(Un silencio.)

TOÑA—En la noche me da miedo. Despierto y se me olvida dónde estoy, y mi colchón huele harto a pipí, porque allí dormía una niña que se orinaba. Y todavía no dicen cuándo voy a salir. Las muchachas creen… que aquí voy a quedarme por años. Fíjate.

MAXIMINO—Te vamos a sacar, vas a ver. No se ponga así. *(Busca cómo animarla.)* Además, si ya es usté popular, y sale en el periódico retratada y todo. Con suerte y te contratan para el cine.

TOÑA—Ay, sí, tú, cómo crees. Salí re fea, ni me parezco.

MAXIMINO—Saliste bien. Mira. *(Saca la cartera.)* Aquí guardé tu foto, ¿ves?

TOÑA—¡Ahí la traes! Mira, esta foto chiquita yo no la había visto. Si la ve aquí en tu cartera, se va a enojar Ojitos Chuecos. A ver su foto, deja verla. Mira, mírala bien. ¿Verdad que está bizca?

MAXIMINO—Cómo serás. No es cierto.

TOÑA—¿No es cierto?

MAXIMINO—Se te ha de figurar… por la postura, ¿ves? Como está viendo de lado…

TOÑA—*(Mimada.)* Ya no traigas ese retrato. Deja nada más el mío, ¿eh? *(Pausa. Se ven. Toña habla en serio.)* ¿Vas a dejar nada más el mío?

MAXIMINO—Bueno. Ya nada más voy a traer el tuyo.

TOÑA—¿Palabra?

MAXIMINO—Palabra.

TOÑA—*(Lo abraza de pronto, llorosa.)* Y ven a verme mucho, cada vez que se pueda. Ven a verme mucho, mucho, mucho, mucho, mucho, mucho…

(Él la abraza acongojado.)

(El basurero de noche. Están los Pepenadores con un amigo y una amiga. Fogata. Esta escena deberá ser maliciosa, tierna. Nunca sucia ni orgiástico.)

PEPENADOR—Pues muy humilde y muy fregada, pero en mi casa no hace frío. Yo mismo la hice con unas tablas muy buenas que me encontré, y con cartones en las rendijas; le puse su buen techo de lámina, que mi trabajo me costó quitarle a un gallinero de por ahí. A ver cuándo viene usté a visitarme.

PEPENADORA—Pues ahí usté dirá.

PEPENADOR—Por el gusto de que nos acompaña, le voy a dedicar esta canción: *(Canta y se acompaña con guitarra.)*

> Eres rosa de Castilla
> que con el rocío se inclina…
> lástima e ya estás seca,
> sólo quedan las espinas.
> Tienes ojos de lucero
> cuando el cielo está nublado,
> tienes cuerpo como Venus,
> como el gordo Venustiano.

PEPENADORA—Cómo será usté grosero, ya verá.

PEPENADOR—*(Se ríe.)* Páseme la botella. *(Bebe.)*

EL AMIGO—Y a poco también el tequila lo sacaron del tren.

PEPENADOR—Como quien dice. Vendimos un costalito de garbanzos…

PEPENADORA—Los tamales los cambalaché yo, por unos kilos de azúcar.

LA AMIGA—*(Íntima.)* Aquí el señor es gente seria, yo lo conozco. Y viera que es rete listo para ganar centavos.

PEPENADORA—Para eso, yo también me doy mis mañas.

EL AMIGO—Muy bien dicen por ahí, que más vale mal acompañado y no solo.

PEPENADORA—Ah qué ustedes, quién sabe por qué dirán esas cosas.

PEPENADOR—*(Canta.)*

> Tu boquita me provoca
> pa que la cierres un rato,
> tienes unos dientes lindos,
> lástima que falten tantos.

Tu garganta es como un río,
la conozco por sus cantos...
tu garganta es como un río
de esos que parecen caños.

(Gritos y aplausos.)

PEPENADORA—Cómo será usté. No me gustó la canción.
PEPENADOR—¿A lo macho no le gustó? ¿Ni tantito?
PEPENADORA—¿Cómo me va a gustar que me cante esas cosas...?
Cómo Será...
PEPENADOR—Acérquese, que hace harto frío.
PEPENADORA—No, aquí estoy muy bien.
PEPENADOR—Usté acérquese y verá... Acérquese...
PEPENADORA—No sé para qué tanto insiste en que me acerque. *(Se acerca.)* Luego me canta puras groserías.
PEPENADOR—*(La abraza.)* Al rato le canto más bonito. Ya verá. Ya verá.

EL AMIGO—Pero pásenos la botella. Mi comadrita y yo también tenemos corazón, ¿verdá, comadre? *(La abraza.)*

(OSCURIDAD)

(Maximino habla por teléfono en el taller.)

MAXIMINO—¿Qué pasó? —Pues, no, no pude ir. —No, no había teléfono para avisarte. —Bueno, piensa lo que quieras. —Yo no dije que me había quedado aquí. —Sí, trabajo, pero en otro lado. —¿Cómo que cuál? Si quieres te doy la dirección, y así vas a averiguar. —Mira, ya voy a cortarle, porque aquí el patrón se enoja si hablo mucho rato. —Pues ya no me hables si quieres, ése ya es asunto tuyo. —Pues sí, pero dices que ya no quieres hablarme, ése ya es asunto tuyo. *(Hace un gesto.)* Llámame pues, como dentro de... ¿Quihubo? Bueno, bueno. *(Aprieta el gancho dos veces. Cuelga, furioso.)* Fregada bizca, imbécil.

(Aparecen tres enormes fotografías en color: son una rosa roja, un pétalo y el tejido del pétalo visto al microscopio.
Entra un locutor muy animado.)

LOCUTOR—Señoras y señores, muy buenas noches. Aquí me tienen con ustedes para hacerles algunas preguntas. Para empezar: ¿quién de las damas o caballeros puede decirme: esto, qué es? *(Con una batuta señala la rosa.)* ¿Estamos ante la imagen de la flor de un arbusto dicotiledóneo de la familia de las rosáceas? ¿O se trata, por lo contrario, de una rosa divina que, en gentil cultura, amago es de la humana arquitectura? A ver, señorita, a ver... O usted, señor... Es una cosa u otra, las dos no. ¿Nadie se anima a contestar? *(Pausita un poco decepcionada. Duplica su animación.)* Pues vamos adelante. Se trata ahora de condenar definitivamente, para que se supriman con absoluto rigor, las imágenes que sean denunciadas como falsas. Véanlas bien, son tres: una sola es la auténtica. Las otras dos: que se las borre de los libros. Que nadie las conozca. Que se persiga a quienes las divulguen. Que se vigile, o se aísle o se suprima a quienes crean en ellas. Mucha atención: esto se supone que es una rosa: ¿lo es? Esto se supone que es un pétalo: ¿lo es? Esto se supone que es el tejido del pétalo visto al microscopio: ¿lo es?

✳ Primera hipótesis: sin el pétalo no hay rosas. Contemplen ésta; quítenle los pétalos, ¿qué queda? ¡No hay rosas! ¡Jamás han existido! No hay más que pétalos.

✳Segunda hipótesis: el pétalo solo no es nada, ¿cuándo se le ha visto crecer así? ¿Qué tallo lo produce? ¿Quién advierte si faltan dos, o tres, en una rosa? ¡No hay pétalos! Únicamente hay rosas.

✳Tercera hipótesis: no hay pétalos ni rosas. Hay solamente una reunión de células, un tejido. Suprímanlo y no hay nada. Y ese tejido es materia prima a secas, materia viva. Y esa materia no es materia, es energía. ¡No hay materia, no hay pétalos, no hay rosa, no hay perfume, no hay nada! Hay tan sólo un conjunto de ficciones milagrosas, y una se llama rosa y otras se llaman de otros modos, un milagro tras otro, por todas partes, sin posibilidad alguna de explicación racional. *(Señala las tres imágenes.)* Si aceptan una de estas imágenes como ciertas serán falsas todas las otras, porque nadie pretenderá que hay varias contestaciones a una sola pregunta. Cualquier intelectual podrá decirles que una respuesta excluye a todas las demás. Así son las cosas y estamos entre intelectuales, ¿no es cierto? ¿Cuál es la imagen verdadera? ¿Ésta? ¿O ésta? ¿O ésta?

Las personas que respondan atinadamente se harán acreedoras a un premio magnífico que podrán pasar a recoger después de la función en nuestras oficinas. Tienen ustedes diez segundos para contestar, atención: diez... nueve... ocho... siete...

(OSCURIDAD)

(Entra el Voceador con sus periódicos; ahora algunos están impresos en pergamino o en ámatl, o en papel muy antiguo, y no sólo se les ven letras sino signos de diversas magias.)

VOCEADOR—¡Noticias, noticias! ¡Todas son ciertas, entérese de todas! ¡Escoja las que le sean convenientes! ¡Todas dan igual! ¡Todas son las mismas! ¡Noticias! ¡Noticias! *(Sale.)*

(Viene la Intermediaria, desde el fondo. Viste de blanco, con algún toque de color vivo. Sus telas no pesan gran cosa, vuelan con el aire.)

INTERMEDIARIA—Ahora sería el momento para gritar noticias como la primavera, o los eclipses, o para desplegar cualquier tema de álgebra y encontrarlo cuajado de espirales y pétalos... Pero hay que decir menos, hay que ceñirse al tema. Voy a explicarles cómo fue el accidente.

(Entran Toña y Polo haciendo equilibrios.)

INTERMEDIARIA—Ellos se estaban convirtiendo en todo cuanto los rodeaba: eran el basurero, las flores, y eran nubes, asombro, gozo, y entendían y veían, eso era todo.

(Con la luz de una linterna de mano, la Intermediaria señala flores.)

VOCES FEMENINAS—Tengo energías.
—Soy propicia.
—Soy bella.
—Soy producto del esfuerzo del Universo entero.
—Me aman las moscas.
—Recibo a las avispas, y a las abejas.

(Los muchachos bailan. El basurero se ilumina por dentro, brilla todo como joyas.)

INTERMEDIARIA—Con estos gestos convocábamos a la lluvia. Este ritmo atraía la fertilidad. Invocábamos así al viento y al mar...

(Cesa el baile. Polo levanta el objeto de metal.)

POLO—Salió de alguna mina. Por darle forma se acumularon los esfuerzos de grandes pueblos en la Historia. Fue parte de una máquina. Descansa aquí pero esconde, energías, cambios, sorpresas.

TOÑA—Un olor en el aire trae noticias violentas: combustiones y cambios. No hay muerte. Cruzan moscas y avispas que saben el secreto del vuelo.

INTERMEDIARIA—Están viendo señales: como quien deletrea un alfabeto. Flechas que indican rumbos, marcas de encrucijadas, signos...

TOÑA—Yo soy alegre y amo mi cuerpo. ¡Es alegre vivir, es alegre vivir! Y mi madre trabaja junto a enfermos y moribundos y yo estoy sana. ¡Gracias!

POLO—Yo soy el hijo de mis padres y seré su repetición. Mi padre y su salario y sus vicios son un destino. El amor de mi madre es un destino.

TOÑA—Buscar la alegría de mi cuerpo no va a ser fácil...

POLO—Se puede predecir nuestra vida...

TOÑA—Muy fácilmente.

INTERMEDIARIA—*(Sonríe.)* No sabemos ni el gesto que nuestras manos harán dentro de un rato.

(Cae un haz de luz al bote de cemento.)

VOCES—Atrás de cada paso hay una esquina.

—Cada paso es un rumbo.

—Entre un momento de elección y el siguiente cruzan muchos caminos.

—Por eso siempre nos encontramos donde no pensamos llegar, y no sabemos cómo.

—Y tampoco sabemos los frutos de cada acto.

—Hay plantas que dan flor antes que otras.

—Hay árboles que crecen muy despacio.

TOÑA—¡Mira! Esa lata está buena para maceta. Para una planta bien grande.

(Van a empujar la lata. Dudan. Se deciden. Mientras:)

VOCES—*(Solas y a coro.)* La elección es una sola cara de la moneda que está siempre en el aire.

—La libertad es un gesto loco.

—La elección es un gesto loco.

—La libertad toma la forma del gesto con que la escogemos.

(Ellos empiezan a empujar la lata hacia la vía.)

VOCES—Y también hay la gracia.

—El circo gratis.

—Las colas de papel que un gran bromista les prendió a los cometas.
—El día y la noche.
—Las olas.
—Los rayos.
—El día de fiesta.
—El canguro y el armadillo.
—El arco iris y el eco.
—La vida diaria.
—¡Gracias!

(Ellos han llevado el tanque al sitio donde pasará el tren. Empiezan a oírse risas alegres en derredor. Se oye el estrépito del descarrilamiento, luego se transforma en música. Un gran grito de alegría. Luces de colores y resplandores movibles por todas partes.

Entran todos los personajes corriendo: Maximino, los Pepenadores, la Gente de la calle, Vendedores, Profesores, Locutor, Parientes, Los dos que soñaron, todos, se abrazan, se besan, bailan, muy caóticamente.)

INTERMEDIARIA—*(A gritos.)* ¿Saben cómo muy pronto sucedió un cambio sorprendente? ¿Y saben cómo Polo llegó a instalar un taller? ¿Y cómo fue el matrimonio de Toña?

(La gente empieza a bailar en orden, ya hay cierta simetría en los movimientos.)

INTERMEDIARIA—Ésa... ya es otra historia.

(El diseño del baile se hace ya claro, evidente.)

INTERMEDIARIA—*(Pregunta como maestra.)* ¿Y el fulgor de esa estrella extinguida, desde hace tantos años luz?
TOÑA—*(Recita la lección, abrazando a Maximino.)* Seguía llegando al telescopio, pero quería decir tan sólo la vida humilde de un cazador peludo que un amigo pintor retrató en las paredes de una cueva africana.

(El baile se vuelve ahora una especie de cadena algo solemne, todos pasan de mano en mano, combinándose con precisión y complejidad.)

MAXIMINO—Y ahora todos...
TOÑA—en las manos de todos...
POLO—vamos a oír latir...

TOÑA—largamente...
MAXIMINO—el misterio...
INTERMEDIARIA—de nuestros propios corazones...

(Siguen la danza, la cadena. La luz ha ido aumentando progresivamente como a latidos, hasta alcanzar la máxima intensidad.)

TELÓN

BIBLIOGRAFÍA SELECTA

La presente bibliografía, actualizada para esta edición, contiene referencias a estudios, historias y bibliografías que figuran, a nuestro parecer, entre los más importantes hasta ahora publicados sobre el teatro hispanoamericano en general, y sobre los tres dramaturgos presentados en este volumen en particular. Para una documentación más exhaustiva, véanse las bibliografías abajo citadas de Lyday/ Woodyard y de Roster/de Toro.

A. ESTUDIOS GENERALES

Arrom, José Juan. *Historia del teatro hispanoamericano: Epoca colonial.* México: Edics. de Andrea, 1967.

Albuquerque, Severino João. *Violent Acts.* Detroit: Wayne State UP, 1991.

Dauster, Frank. *Ensayos sobre teatro hispanoanoericano.* México: SepSetentas, 1975.

_____. *Historia del teatro hispanoamericano: Siglos XIX y XX.* 2ª ed. México: Edics. de Andrea, 1973.

_____. *Perfil generacional del teatro hispanoamericano.* Ottawa: Girol Books, 1993.

_____, ed. *Perspectives on Contemporary Spanish American Theatre.* Lewisburg: Bucknell UP, 1996.

Eidelberg, Nora. *Teatro experimental hispanoamericano 1960-1980: La realidad social como manipulación.* Minneapolis: Institute for the Study of Ideologies and Literatures, 1985.

Luzuriaga, Gerardo. *Del Absurdo a la Zarzuela: glosario dramático, teatral y crítico.* Ottawa: Girol Books, 1993.

_____. *Introducción a las teorías latinoamericanas de teatro. 1930 al presente.* Puebla: Univ. Autónoma de Puebla, 1990.

_____. *Popular Theatre for Social Change in Latin America.* Los Angeles: UCLA Latin American Center Publications, 1978.

Lyday, Leon y George Woodyard. *A Bibliography of Latin American Theatre Criticism.* Austin: Institute of Latin American Studies, U of Texas, 1976.

_____, eds. *Dramatists in Revolt: The New Latin Amerian Theatre.* Austin: U of Texas P, 1976.

Meléndez, Priscilla. *La dramaturgia hispanoamericana contemporánea: Teatralidad y autoconciencia.* Madrid: Pliegos, 1990.

Neglia, Erminio G. *Aspectos del teatro moderno hispanoamericano.* Bogotá: Editorial Stella, 1975.

_____. *El hecho teatral en Hispanoamérica.* Roma: Bulzoni, 1985.

Ordaz, Luis. *Aproximación a la trayectoria de la dramática argentina.* Ottawa: Girol Books, 1992.

Pellettieri, Osvaldo, comp. *Teatro latinoamericano de los 70. Autoritarismo, cuestionamiento y cambio.* Buenos Aires: Corregidor, 1995.

Perales, Rosalina. *Teatro hispanoamericano contemporáneo. 1967-1987.* 2 vols. México: Grupo Editorial Gaceta, 1989-1993.

Pianca, Marina. *Testimonios de teatro latinoamericano.* Buenos Aires: Grupo Editor Latinoamericano, 1991.

Rojo, Grinor. *Orígenes del teatro hispanoamericano contemporáneo.* Valparaíso: Ediciones Universitarias, 1972.

Roster, Peter y Fernando de Toro. *Bibliografía del teatro hispanoamericano (1900-1980).* 2 vols. Frankfurt am Main: Verlag Klaus Dieter Vervuert, 1985.

Taylor, Diana. *Theatre of Crisis. Drama and Politics in Latin America.* Lexington: U of Kentucky P, 1991.

_____ y Juan Villegas, eds. *Negotiating Performance: Gender, Sexuality and Theatricality in Latin America.* Durham: Duke UP, 1994.

Toro, Fernando de. *Brecht en el teatro hispanoamericano contemporáneo.* Ottawa: Girol Books, 1984.

Villegas, Juan. *Ideología y discurso crítico sobre el teatro de España y América Latina.* Minneapolis: Prisma Institute, 1988.

Zayas de Lima, Perla. *Diccionario de autores teatrales argentinos (1950-1990).* Buenos Aires: Galerna, 1991.

B. Los Dramaturgos

1. René Marqués

Piezas [N. Ed.: Esta lista de obras no pretende ser exhaustiva; es más bien una selección de las obras más representativas a través de una trayectoria de más de veinte años. Las fechas se refieren al año en que se escribió la pieza.]

1948	*El hombre y sus sueños*
1949	*Palm Sunday*
1950	*El sol y los MacDonald*
1950-52	*La carreta*
1956	*Juan Bobo y la Dama de Occidente*
1957	*La muerte no entrará en palacio*
1958	*Los soles truncos*
1960	*Un niño azul para esa sombra*
1961	*La casa sin reloj*
1964	*Carnaval afuera, carnaval adentro*
	El apartamiento
1965	*Mariana o el alba*
1970	*Sacrificio en el Monte Moriah*
	David y Jonatán
	Tito y Berenice

Estudios

Barrera, Ernesto M. «La voluntad rebelde en *Carnaval afuera, carnaval adentro* de René Marqués». *Latin American Theatre Review*, 8:1 (Fall 1974), 11-19.

Callan, Richard. «*La muerte no entrará en palacio* and Dionysianism». *Latin American Theatre Review*, 26:1 (Fall 1992), 43-53.

Dauster, Frank. «René Marqués y el tiempo culpable», *Ensayos sobre teatro hispanoamericano*. Mexico: SepSetentas, 1975, 102-126.

Díaz Quiñones, Arcadio. «René Marqués», *El almuerzo en la hierba*. Río Piedras, Huracán, 1982, 133-168.

Domenech, Ricardo. «Crítica de *Un niño azul para esa sombra*». *Cuadernos Hispanoamericanos* 128-129 (ag.-sept. 1960), 259-263.

Montes-Huidobro, Matías. «*La casa sin reloj:* La solución del absurdo». *Hispanic Journal* 5:1 (Fall 1983), 101-116.

Murad, Timothy. «René Marqués' *Juan Bobo y la Dama de Occidente:* Folklore as Pantomime and the Art of Cultural Affirmation», *Revista Chicano-Riqueña* 7:4 (1979), 36-47.

Pilditch, Charles. «La escena puertorriqueña: *Los soles truncos»*. *Asomante* 17:2 (1961), 51-58.

Reynolds, Bonnie H. *Space, Time and Crisis: The Theatre of René Marqués.* York, S.C.: Spanish Literature Publishing, 1988.

Shaw, Donald L. «René Marqués' *La muerte no entrará en palacio:* An analysis». *Latin American Theatre Review* 2:1 (Fall 1968), 31-38.

Siemens, William. «Assault on the Schizoid Wasteland: René Marqués' *El apartamiento»*. *Latin American Theatre Review* 7:2 (Spring 1974), 17-23.

2. JORGE DÍAZ

PIEZAS

1961	*Un hombre llamado Isla*
1961	*El cepillo de dientes (un acto)*
1961	*Réquiem por un girasol*
1962	*El velero en la botella*
1963	*El lugar donde mueren los mamíferos*
1964	*Variaciones para muertos de percusión*
1965	*El nudo ciego*
1966	*Topografía de un desnudo*
1968	*Introducción al elefante y otras zoologías*
1970	*El génesis fue mañana (La víspera del degüello)*
	Liturgia para cornudos
	La orgástula
1971	*La pancarta, o Está estrictamente prohibido todo lo que no es obligatorio*
	Amaos los unos vs. los otros
	Americaliente
1973	*Los alacranes*
	Las hormigas
1974	*Mear contra el viento*
1976	*Mata a tu prójimo como a ti mismo*
	Ceremonia ortopédica (Liturgia para cornudos)
1977	*La puñeta*
1978	*Un día es un día, o Los sobrevivientes*

1979	*Contrapunto para dos voces cansadas, o El locutorio (Entre las voces, una)* *La manifestación*
1981	*Canto subterráneo para blindar una paloma (Toda esta larga noche)*
1982	*Ligeros de equipaje* *Piel contra piel*
1984	*Desde la sangre y el silencio, o Fulgor y muerte de Pablo Neruda* *Esplendor carnal de la ceniza*
1986	*Dicen que la distancia es el olvido*
1987	*Las cicatrices de la memoria (El extraterrestre; Ayer, sin ir más lejos)*
1988	*Muero, luego existo (Instrucciones para hacer una donación voluntaria)*
1991	*Pablo Neruda viene volando* *A imagen y semejanza* *Un corazón lleno de lluvia*
1992	*Percusión*
1993	*El jaguar azul*
1994	*Opera inmóvil*
1995	*Historia de Nadie*

ESTUDIOS

Boling, Becky. «Crest o Pepsodent: Jorge Díaz's *El cepillo de dientes*». *Latin American Theatre Review* 14:1 (Fall 1990), 93-103.

Burgess, Ronald D. «*El cepillo de dientes*: Empty Words, Empty Games». *Estreno* 9:2 (1983), 29-31.

Burgos, Fernando. «Estética de la ironía en el teatro de Jorge Díaz». *Revista Chilena de Literatura* 27-28 (1986), 133-141.

Castedo-Ellerman, Elena. *El teatro chileno de mediados del siglo XX.* Santiago: Andrés Bello, 1982, 124-141.

Epple, Juan Armando. «Teatro y exilio: Una entrevista con Jorge Díaz». *Gestos* (1986), 146-154.

Fernández, Teodosio. *El teatro chileno contemporáneo (1941-1973).* Madrid: Nova-Scholar, 1982, 153-167.

Giella, Miguel Angel. «Transculturación y exilio: *La otra orilla* de Jorge Díaz», *De dramaturgos: teatro latinoamericano actual.* Buenos Aires: Corregidor, 1994, 190-207.

Holzapfel, Tamara. «Jorge Díaz y la dinámica del absurdo teatral». *Estreno* 9:2 (1983), 32-35.

Molina-Lipsky, Liliam. «La incomunicación en dos dramas de Jorge Díaz». *Estreno* 9:2 (1983), 15-16.

Monleón, José. «Jorge Díaz, una versión de Latinoamérica». En Jorge Díaz, *Teatro*. Madrid: Primer Acto, 1967, 11-36.

Piña, Juan Andrés. «Jorge Díaz: La vanguardia teatral chilena». En Jorge Díaz, *Teatro: Ceremonias de la soledad*. Santiago: Nascimento, 1978, 7-49.

Quackenbush, L. Howard. «Jorge Díaz, la desmitificación religiosa y el culto a la vida». *Estreno* 9:2 (1983), 9-12.

Villegas, Juan. «Teatro y público: El teatro de Jorge Díaz». *Estreno* 9:2 (1983), 7-9.

Woodyard, George. «Jorge Díaz and the Liturgy of Violence». En *Dramatists in Revolt: The New Latin American Theater*, eds. Leon F. Lyday y George W. Woodyard. Austin/London: U of Texas P, 1976, 59-76.

_____. «Jorge Díaz». *Latin American Writers*, ed. Carlos A. Solé y Maria Isabel Abreu. New York: Scribners, 1989, III, 1393-1397.

3. EMILIO CARBALLIDO

PIEZAS

1948	*La zona intermedia*
1950	*Rosalba y los llaveros*
	Sinfonía doméstica
1954	*La danza que sueña la tortuga*
1955	*Felicidad*
	La hebra de oro
1957	*El día que se soltaron los leones*
1958	*Medusa*
	El relojero de Córdoba
1960	*Las estatuas de marfil*
1961	*Un pequeño día de ira*
1962	*Teseo*
1963	*¡Silencio pollos pelones ya les van a echar su maíz!*
1965	*Yo también hablo de la rosa*
1967	*Te juro Juana que tengo ganas*

1968	Medusa
	El almanaque de Juárez
1969	Conversación entre las ruinas
	Acapulco los lunes
1970	Un vals sin fin por el planeta
1974	Las cartas de Mozart
1976	José Guadalupe (las glorias de Posada)
1977	Nahui Ollín
	Fotografía en la playa
1979	Orinoco
	Tiempo de ladrones: La historia de Chucho el Roto
1983	Ceremonial en el templo del tigre
1984	En-Dor
1986	Rosa de dos aromas
	El álbum de María Ignacia
1987	Las flores del recuerdo
1988	El mar y sus misterios
	Soñar la noche
1989	La caprichosa vida
1990	El muchacho del retrato
	Algunos cantos del infierno
	Tejer la ronda
1991	Escrito en el cuerpo de la noche
	Las bodas de San Isidro
	Los esclavos de Estambul
1994	Pasaporte con estrellas
1995	Engaño colorado con títeres
	La prisionera
1996	Vicente y Ramona

ESTUDIOS

Bixler, Jacqueline Eyring. «A Theatre of Contradictions: The Recent Works of Emilio Carballido». *Latin American Theatre Review* 18:2 (Spring 1985), 57-65.

Boling, Becky. «Espacio femenino en dos montajes de *Rosa de dos aromas* de Emilio Carballido». *Literatura Mexicana* 2:1 (1991), 165-71.

Cypess, Sandra Messinger. «I Too Speak: 'Female' Discourse in Carballido's Plays». *Latin American Theatre Review* 18:2 (Fall 1984), 45-52.

Dauster, Frank. «El teatro de Emilio Carballido», *Ensayos sobre teatro hispanoamericano*. México: SepSetentas, 1975, 143-188.

Foster, David William. *Estudios sobre teatro mexicano contemporáneo.* New York: Peter Lang, 1984.

Kerr, Roy A. «La función de la Intermediaria en *Yo también hablo de la rosa*». *Latin American Theatre Review* 12:2 (Spring 1978), 51-60.

Meléndez, Priscilla. «La interpretación como metáfora o la metáfora de la interpretación: *Yo también hablo de la rosa* de Carballido». *Alba de América* 7:12-13 (1989), 305-317.

Peden, Margaret Sayers. *Emilio Carballido.* Boston: Twayne, 1980.

Skinner, Eugene R. «The Theater of Emilio Carballido: Spinning a Web». En *Dramatists in Revolt: The New Latin American Theater*, eds. Leon F. Lyday y George W. Woodyard. Austin: Texas UP, 1976, 19-36.

Taylor, Diana. *Theatre of Crisis: Drama and Politics in Latin America.* Lexington: Kentucky UP, 1991.

Vázquez-Amaral, Mary. «*Yo también hablo de la rosa* de Emilio Carballido: Un estudio crítico». *Revista de la Universidad de México* 27:5 (1973), 25-29.

Í N D I C E

Introducción al teatro de René Marqués
FRANK DAUSTER 7

René Marqués
Los soles truncos 11

Introducción al teatro de Jorge Díaz
LEON LYDAY/GEORGE WOODYARD 45

Jorge Díaz
El cepillo de dientes 51

Introducción al teatro de Emilio Carballido
GEORGE WOODYARD 95

Emilio Carballido
Yo también hablo de la rosa 101

BIBLIOGRAFÍA SELECTA   141

    A. Estudios Generales 141

    B. Los Dramaturgos   143
       1. René Marqués 143
       2. Jorge Díaz 144
       3. Emilio Carballido 146

GIROL BOOKS INC

P.O. Box 5473, Station F, Ottawa, Ontario, Canada. K2C 3M1.
120 Somerset St. West, Ottawa, Ontario, Canada. K2P 0H8.
Tel./Fax: (613) 233-9044
info@girol.com

Textos Esenciales del Teatro Hispánico

9 dramaturgos hispanoamericanos: antología del teatro del siglo xx. Tomo I (0-919659-37-3) 224 pp. 2ª edición revisada y actualizada (1997). En el primer tomo de esta ya clásica antología aparecen obras de R. Usigli *(Corona de sombra),* O. Dragún *(El amasijo)* y J. Triana *(La noche de los asesinos).* También contiene una introducción, «El teatro contemporáneo en Hispanoamérica», además de una presentación y bibliografía selecta sobre cada autor.

9 dramaturgos hispanoamericanos: antología del teatro del siglo xx. Tomo II (0-919659-38-1). 2ª edición revisada y actualizada (1998). En el segundo tomo aparecen obras de X. Villaurrutia *(Parece mentira* y *¿En qué piensas?),* G. Gambaro *(Los siameses),* y E. Wolff *(Flores de papel.)* También incluye una introducción y bibliografía selecta sobre cada uno de estos destacados dramaturgos.

9 dramaturgos hispanoamericanos: antología del teatro del siglo xx. Tomo III (0-919659-39-X). 2ª edición revisada y actualizada (1998). El tercer tomo incluye obras de Puerto Rico, Chile y México: de René Marqués *(Los soles truncos),* Jorge Díaz *(El cepillo de dientes)* y Emilio Carballido *(Yo también hablo de la rosa.)* También hay una introducción y bibliografía.

3 dramaturgos rioplatenses: antología del teatro del siglo xx. Tomo IV (0-919659-07-3) 212 pp. El cuarto volumen de la serie, reúne a tres dramaturgos fundamentales para el estudio del desarrollo del teatro rioplatense: F. Sánchez *(Barranca abajo);* R. Arlt *(Saverio el cruel);* y E. Pavlovsky *(El señor Galíndez).*

7 dramaturgos argentinos: antología del teatro del siglo xx. Tomo V (0-919659-07-1) 218 pp. Estas 7 piezas en un acto cuentan entre las más representativas de Teatro Abierto 1981. Los autores y las obras son: R. Cossa *(Gris de ausencia),* O. Dragún *(Mi obelisco y yo),* G. Gambaro *(Decir sí),* C.

Gorostiza *(El acompañamiento)*, R. Halac *(Lejana tierra prometida)*, R. Monti *(La cortina de abalorios)* y C. Somigliana *(El nuevo mundo)*.

Dragún, O. *Historias para ser contadas.* (Edición completa.) (0-919659-00-4) 40 pp.
Una de las obras más representadas y más actuales del teatro argentino. Incluye una introducción del autor.

Dragún, O. *Hoy se comen al flaco. Al violador.* (0-7709-0118-2) 178 pp.
Son dos obras que ejemplifican la modalidad metafórica y absurdista del autor con el siempre presente extratexto de la realidad sociopolítica argentina. Con entrevistas y bibliografía.

Gambaro, G. *Nada que ver. Sucede lo que pasa.* (0-919659-05-5) 182 pp.
Dos obras de la dramaturga más conocida y más respetada de Hispanoamérica. Con entrevistas y bibliografía.

Monti, R. *Una pasión sudamericana. Una historia tendenciosa.* (Nueva versión.) (0-919659-26-8) 144 pp.
Con estudio preliminar de Osvaldo Pellettieri.

Rovner, E. *Compañía.* Kartun, M. *El partener.* (0-919659-27-6) 96 pp.
Con estudios preliminares de Frank Dauster y Osvaldo Pellettieri.

Talesnik, R. *La fiaca. Cien veces no debo.* (Nueva versión) (0-7709-0106-9) 194 pp.
La fiaca es una de esas obras que va cobrando importancia y actualidad mientras más nos alejamos de su tiempo de escritura. Con entrevista y bibliografía. Estudio preliminar de Saúl Sosnowsky.

Del parricidio a la utopía: el teatro argentino actual en 4 claves mayores. (0-919659-28-4) 216 pp.
Incluye obras de: R. Monti, *Una noche con Magnus e hijos* (nueva versión); R. Perinelli, *Miembro del Jurado;* E. Rovner, *Cuarteto;* M. Kartun, *Salto al cielo.* Con estudio preliminar de O. Pellettieri.

Teatro y folletines libertarios rioplatenses (1895-1910): Estudio y Antología. (0-919659-32-2) 223 pp. 1996.
Incluye el texto completo e inédito de Florencio Sánchez ¡*Ladrones!* y las siguientes obras de Bianchi, *Nobleza de esclavo;* Bori, *Sin patria;* De Lidia, *Fin de fiesta;* Locascio, *La fiesta del trabajo;* Grijalvo, *Héroe ignorado;* Silva, *Los mártires;* Layda, *Redimida;* González, *El suplicio de Laura;* González, *La expósita;* Ravel, *El conventillo.* Con estudio preliminar y bibliografía de Eva Golluscio de Montoya.

6 dramaturgos españoles del siglo xx: teatro de liberación. Tomo I
(84-87015-00X) 293 pp.
Esta antología contiene, además de estudios preliminares de J.
Monleón, R. Morodo, D. Miras, y D. Ladra, las siguientes obras: R.
Alberti *(El hombre deshabitado),* F. García Lorca *(La casa de Bernarda
Alba)* y A. Sastre *(En la red).*

6 dramaturgos españoles del siglo xx: teatro en democracia. Tomo II (84-
87015-02-6) 358 pp.
El segundo tomo tiene una selección de obras que cuentan entre
las mejores de los últimos 20 años. F. Nieva *(La señora Tártara);* F.
Fernán Gómez *(Las bicicletas son para el verano);* M. Alonso de Santos
(Bajarse al moro). Con introducciones de P. Altares, D. Ladra, D.
Ynduráin, y J. Monleón.

Teoría y Crítica

Dauster, F. *Perfil generacional del teatro hispanoamericano (1894-1924):
Chile, México, el Río de la Plata.* (0-919659-24-1) 245 pp. 1993.
En este estudio el autor aplica la teoría generacional a la produc-
ción teatral de tres centros hispanoamericanos.

Ordaz, L. *Aproximación a la trayectoria de la dramática argentina: desde
los orígenes nacionales hasta la actualidad.* (0-919659-25-X) 1992.
«Este texto ... orientará a lectores de nuestro país y del exterior,
sobre los distintos aspectos de nuestro teatro». O. Pelletieri.

Taylor, D., ed. *En busca de una imagen: ensayos críticos sobre Griselda
Gambaro y José Triana.* (0-919659-19-5) 195 pp. 1989.
Este libro reúne una serie de ensayos, entrevistas, bibliografías y
materiales inéditos que enfocan de manera distinta la obra teatral de
estos destacados dramaturgos.

Pellettieri, O. *Teatro argentino actual.* Cuadernos del Grupo de
Estudios Argentino, Cuadernos GETEA, 1. (0-919659-22-5) 90 pp.
1990.
Una serie de ensayos por los integrantes del Grupo de Estudios de
Teatro Argentino de la Facultad de Filosofía y Letras (UBA) los cuales
esclarecen el panorama del teatro actual en Argentina.

Villegas-Morales, J. *Nueva interpretación y análisis del texto dramático.* Teoría, 4. (0-919659-21-7) 152 pp. 1991.

Este estudio constituye una extraordinaria síntesis, una integración coherente y sistemática de las teorías sobre el texto dramático y el texto teatral de los últimos veinte años.

Villegas-Morales, J. *Teoría de historia literaria y poesía lírica.* Teoría, 3. (0-919659-09-8) 124 pp. 1984.

En la primera parte del libro, Villegas describe maneras de emplear rasgos estructurales y formales de la poesía para desarrollar nuevos modos de definir períodos literarios. La segunda parte especifica concretamente cómo esta orientación puede servir para configurar una historia.

Glosario

Luzuriaga, G. *Del Absurdo a la Zarzuela: glosario dramático, teatral y crítico.* (0-919659-36-5) 132 pp. 1993.

Este glosario cubre conceptos selectos relacionados con la naturaleza del texto dramático, los géneros y estilos dramáticos, la teoría sobre el drama y el teatro, las técnicas y estilos de la representacíon teatral, y la historia del teatro, desde sus orígenes hasta nuestros días.

3 dramaturgos rioplatenses

El cuarto volumen de la serie Antología del Teatro Hispanoamericano, reúne a tres tramaturgos fundamentales para el desarrolo del teatro rioplatense.

Florencio Sánchez, uruguayo, es considerado uno de los fundadores del teatro argentino contemporáneo. su obra está centrada en un período crítico de la vida argentina, en el que el impacto de la inmigración y la «modernización» dejan su huella dramática en diversos sectores sociales del país. *Barranca abajo*, obra señera del realismo crítico, resume las tensiones de la época en personajes de gran vitalidad y riqueza.

En **Roberto Arlt**, se destaca la originalidad e inteligencia de su percepción del mundo. *Saverio el cruel*, el pequeño comerciante elevado a rey por obra y gracia de la locura y del teatro, es uno de los grandes personajes de la dramaturgia argentina de este siglo.

Eduardo Pavlovsky profundiza experiencias creando un teatro de gran penetración sicológica, en el nivel de los personajes, y de características casi rituales, en el nivel de la vida social. *El señor Galíndez* es una obra especialmente representativa de ello. Centrado en el fenómeno de la tortura, nos revela el mundo de los torturadores y su lógica desquiciada, desde un ángulo en que nuestra incertidumbre termina transformándose en certeza y luego en miedo.

ISBN 0-919659-07-3

7 dramaturgos argentinos

En el presente volumen, quinto de la serie Antología del Teatro Hispanoamericano del Siglo XX, Girol ofrece al lector, siete obras del ciclo llamado **Teatro Abierto 1981.**

Teatro Abierto, uno de los eventos más importantes de la escena argentina de los últimos años, reunió a varios de los más notables dramaturgos contemporáneos, desde **Carlos Gorostiza** hasta **Ricardo Monti**, pasando por **Osvaldo Dragún, Griselda Gambaro, Ricardo Halac, Carlos Somigliana, Roberto Cossa,** y muchos otros.

La serie de piezas en un acto se mantuvo en cartelera durante casi tres meses, provocando una serie de reacciones inesperadas tales como el incendio del Teatro del Picadero al octavo día de estarse representando las obras y un éxito de público que no se veía desde hacía muchos años.

Las obras de este volumen son una muestra de lo que fue Teatro Abierto 1981, y en ellas el lector podrá apreciar la variedad de intenciones y estilos actualmente vigentes en la dramaturgia argentina, así como también su indiscutible perspectiva común.

Las obras aquí presentadas son: *Gris de ausencia, Mi obelisco y yo, Decir sí, El acompañamiento, Lejana tierra prometida, La cortina de abalorios* y *El nuevo mundo.*

ISBN 0-919659-07-1

Frank Dauster
Perfil generacional del teatro hispanoamericano (1894-1924)
Chile, México, El Río de la Plata

No es el propósito principal de este libro hacer una historia del teatro hispanoamericano del último siglo, aunque es la materia que ronda, ni de presentar una serie de ensayos sobre diversos dramaturgos, a pesar de que es en parte la metodología empleada. La meta que perseguimos es averiguar hasta dónde se puede aplicar al panorama teatral hispanoamericano la teoría generacional. Nadie puede negar las marcadas diferencias sociales, étnicas y hasta lingüísticas entre las diversas repúblicas hispanoamericanas, pero tampoco deben ignorarse las profundas relaciones, desde hablar variantes de un mismo idioma hasta compartir una inmensa cantidad de bagaje cultural, económico y social. A pesar de las innegables y profundas diferencias, existe una comunidad hispanoamericana que abarca, entre todos los demás sectores de la actividad humana, al teatro. Hasta qué punto la expresión teatral de esta de comunidad se plasma en formas comunes es lo que aquí se propone estudiar.

Es sorprendente la frecuencia con la cual se emplea el método generacional o algo que se le parece, aun en la obra de críticos no normalmente asociados con la teoría; y también es sorprendente hasta qué punto el método generacional se ha difundido, a veces en autores que no manejan la teoría de modo orgánico.

Nos anima el deseo de averiguar en qué medida se puede hablar de un lenguaje generacional en el sentido más amplio. Es decir, qué es lo que tienen en común los diversos miembros de cada generación, pensando en sus semejanzas y diferencias de experiencia vital, y cómo se plasma en forma teatral y dramática su «peculiar sensibilidad, en un repertorio orgánico de íntimas propensiones».

Un problema especial para el crítico de teatro es el hecho de que cada producción es distinta, lo cual conduce a versiones en extremo variadas del mismo texto, según el elenco, la visión del director, las escuelas estéticas de moda, la situación socio-económica-histórica, etc. Los signos de todo texto son múltiples y polifacéticos, lo cual no quita que algunos textos sean más ricos que otros.

Frente a tales dificultades y la imposibiliad de presenciar cuanta versión distinta se presenta de todo texto teatral, el crítico no tiene más remedio que incorporar a su estudio todas las posibles lecturas del texto que estudia a la luz de sus propias capacidades y la documentación asequible, recordando que a fin de cuentas cada obra está escrita y presentada dentro de una concreta situación histórica y que siempre hay cierto horizonte de expectativas, horizonte que el hecho teatral frecuentemente tiene el proyecto de traicionar.

A pesar de las notorias diferencias históricas y sociales entre las tres regiones seleccionadas para este estudio, existen semejanzas notables. Participan en el proceso hemisférico de creación de un movimiento teatral, desarrollo del hecho teatral, y preocupación por el repertorio; y a pesar de diferencias en el sector social, hay un parecido sorprendente: además de movimientos internacionales que aparecen en todas partes, en cada región hallamos fenómenos parecidos que influyen, a veces en sentido contradictorio, en el proceso teatral. En los tres países existe esta misma tensión entre teatro establecido y teatro proveniente de las masas, y en los tres el desarrollo futuro está ligado de maneras complicadas con el proceso político.

ISBN 0-919659-24-1

Del

𝒜bsurdo a la 𝒵arzuela:

Glosario

DRAMÁTICO, TEATRAL Y CRÍTICO

Gerardo Luzuriaga

Del Absurdo a la Zarzuela cubre conceptos selectos relacionados con la naturaleza del texto dramático, los géneros y estilos dramáticos, la teoría y crítica sobre el drama y el teatro, las técnicas y estilos de la representaciónteatral, y la historia del teatro, desde sus orígenes hasta nuestros días. El lector encontrará en este léxico teatral ilustrado una información muy variada, fundamentada en las poéticas tradicionales más sólidas y en las contribuciones teóricas recientes más valederas: acerca de la idea de catarsis en Aristóteles, la del gusto en Lope de Vega o la del *gestus* en Bertolt Brecht, por ejemplo, o acerca de la función del coro en las tragedias griegas clásicas o la del «comodín» en el «teatro del oprimido» actual, o también acerca de nociones tales como sofista, apoteosis, decorado acústico, pacto teatral o pánico escénico..., más de 400 definiciones en total. Algunas de ellas constituyen breves ensayos que iluminan asuntos tan útiles como estructura dramática o tan ambiguos como teatro popular y discurso teatral.

El autor sugiere que el glosario puede ser leído en forma orgánica, para lo cual propone cuatro áreas semánticas con sus respectivas listas de términos. Otros elementos pedagógicos de interés son un apéndice para angloparlantes, que señala las correspondencias inglesas de los principales vocablos castellanos, y una bibliografía comentada. A esto habría que añadir la claridad de las definiciones y en particular la secreta organicidad conceptual, que es la espina dorsal de este libro y que lo acredita como singularmente idóneo para uso en el aula como texto de introducción a los estudios de teatro español o latinoamericano en el nivel de Licenciatura.

Gerardo Luzuriaga es investigador y profesor de teatro latino-americano en la University of California, Los Angeles. Ha publicado numerosos artículos y libros, entre los cuales cabe destar: *Los clásicos del teatro hispanoamericano, Popular Theater for Social Change in Latin America* e *Introducción a las teorías latinoamericanas del teatro*.

ISBN 0-919659-36-5

texto teatral

El texto teatral es el conjunto de signos auditivos y visuales estructurados en un espacio escénico ante un público, que resulta de la integración de varios elementos: el texto dramático, la interpretación de los actores, y la labor de escenistas y técnicos, todos ellos coordinados por el director. Patrice Pavis lo define como el texto dramático puesto en una situación concreta de enunciación, en un espacio concreto ante un público. A veces se llama también «texto espectacular» o «texto de la performancia» (del inglés *performance text*). Lo distintivo del texto teatral es que, como regla general, es un producto colectivo, del director, de los actores y de los diseñadores de escenografía, vestuario, iluminación, etc., partiendo del texto dramático e incorporándolo en dicho producto. Es también un producto «multi-mediático», que se realiza en una serie de sistemas de signos. (Véase «signo», «texto dramático»).

tiempo

El análisis del tiempo suele regirse por la siguiente categorización. El **tiempo físico**, **teatral** o **de la representación** es la duración del espectáculo, el tiempo real de la representación teatral, o sea unas dos o tres horas por lo común. El **tiempo dramático** es el periodo de tiempo (ficticio) que transcurre en la acción dramática. Más estrictamente hablando, puede subdividirse en dos: **tiempo de la fábula**, que es el lapso que comprende el periodo total de la historia tratada en el drama (v. gr., unos treinta años en el caso de *Edipo Rey*), y **tiempo de la acción**, que es el espacio temporal comprendido desde el principio del conflicto dramático hasta su desenlace, o desde la primera escena hasta la última (unas pocas horas en la tragedia mencionada de Sófocles). Algunos estudiosos, como André Helbo, hacen una distinción, pertinente al tiempo dramático, entre **tiempo mítico**, que es un tiempo cerrado, circular, propio de lo ritual y sagrado, y **tiempo histórico** cuya principal característica es la progresión continua e irreversible hacia un final que difiere marcadamente del principio.

tiple

En el teatro lírico, actriz que canta. **Viceatiples** son «coristas» o actrices-cantantes de segunda categoría. Había tiples cómicas y sentimentales, según fuera el tono de las canciones que preferían interpretar. Tiples como María Conesa o Amalia Wilhelmy se convirtieron en auténticos ídolos para grandes sectores del público mexicano a comienzos del siglo XX.

tipo (Véase «personaje-tipo»).

títere

Muñeco manejado por un operador en su mano. El manipulador, que generalmente no es visto por el público, se llama **titiritero** o **titerista**. Una

the complete unpublished text of

¡Ladrones!

by

FLORENCIO SÁNCHEZ

in

Teatro y folletines libertarios rioplatenses (1895-1910) [Estudio y Antología]

Edition, introductory study and bibliography by
Eva Golluscio de Montoya

Nobleza de esclavo	E. Bianchi
Sin patria	P. Bori
Fin de fiesta	P. de Lidia
La fiesta del trabajo	S. Locascio
Héroe ignorado	A. Grijalvo
Los mártires	D. Silva
Redimida	Felipe Layda
El suplicio de Laura	J.D. González
La expósita	J.D. González
El conventillo	Elam Ravel

ISBN 0-919659-32-2

Luis Ordaz
Aproximación
a la Trayectoria Dramática Argentina:
desde los orígenes nacionales
hasta la actualidad

Luis Ordaz, manifestó desde su juventud una inquietud sobresaliente hacia el mundo del teatro y los fenómenos que rodean al espectáculo, mostrando siempre una madurez prematura que le irían llevando a esa categoría de maestro del que hoy goza.

Como presidente de ACITA (Asociación de Críticos e Investigadores Teatrales de la Argentina), o formando parte de la directiva, siguió ejerciendo un magisterio ejemplar entre sus colaboradores y discípulos.

Como crítico e investigador, destacamos su Historia del Teatro Rioplatense (Buenos Aires, Futuro, 1946) que supuso un replanteamiento de la historiografía teatral. Asimismo, sistematizó los períodos, adujo nuevas fuentes y fue el primero que se ocupó del teatro independiente. Se destacan sus estudios sobre fenómenos populares del teatro argentino, y sus opiniones sobre la faceta creativa de Armando Discépolo. Su dimensión crítica se ha manifestado en diversos trabajos y publicaciones y, muy especialmente, en El teatro argentino (Buenos Aires: CEAL, 1971) y en las dos ediciones de Capítulo, la historia de la literatura argentina (Buenos Aires: CEAL, 1967, 1985). Fue el primero que se planteó la historia del teatro argentino como problema y muchos de sus hallazgos han quedado ya como definitivos.

En Aproximación a la Trayectoria Dramática Argentina: desde los orígenes nacionales hasta la actualidad, se condensan eminentemente toda su labor investigadora y crítica anterior. En este libro Luis Ordaz se consagra como el maestro, a quienes todos los estudiosos debemos un agradecido reconocimiento. Como dice Osvaldo Pelletieri en el prólogo: «Seguramente este texto tendrá la misma suerte de los anteriores: orientará a lectores de nuestro país y del exterior, sobre los distintos aspectos de nuestro teatro. El maestro sigue con nosotros y nos da una nueva lección».

❁   ❁   ❁

ISBN 0-919659-25-X

PABLO URBANYI

Puesta de sol

Puesta de sol es la historia de un niño que jamás tendrá nombre, o si lo tiene, no es más que una variante de su diagnóstico. El nombre que le pondrán los demás (enfermeras, médicos, almas buenas), nunca dejará de ser un número para sus padres. Cruel deseo del narrador: el que no está de acuerdo que tenga un hijo así. Todos parecen olvidarse de que tal vez el niño también tenga sus deseos.

Si bien en este tema parece que entran consideraciones morales y en su defensa se argumenta que el progreso, que no es otro que tecnológico, no es más que un auxiliar del ser humano, en última instancia no es más que una confortable delegación de responsabilidades. El médico confía cada vez más en los análisis y los aparatos, los economistas en las estadísticas, y la respuesta final, infalible, la da la computadora. La que no se encuentra en ella, parece haber desaparecido o no existe.

La escuela de los padres sigue sin fundarse o, en todo caso, si además de muchos libros de autoayuda, programas en las computadoras, existen algunos cursos intensivos y acelerados, se entra en la paternidad y la maternidad sin graduación en la que se siguen repitiendo viejos modelos, inconscientemente aprendidos de los propios padres, que ni los libros ni los programas ni los cursos más modernos y avanzados pudieron cambiar.

De esta manera, todo cambio, toda modificación, toda decisión, si no es clandestina, se convierte en un acto de rebelión. Esta novela plantea con toda crudeza las situaciones más extremas de la paternidad, de la maternidad y en la que se ven envueltos ciertos temas, como la paternidad, la maternidad o la eutanasia, a pesar de los estudios que por otra parte y un progreso real pero que siempre resultan insuficientes para estos temas que preferentemente tocan otras áreas de la vida, parecen irresolubles y eternamente conflictivos.

Pablo Urbanyi es heredero de diversas culturas. Nacido en el centro de Europa, en la tierra de los húsares, llegó a la Argentina a la edad de ocho años, país que adoptó como patria y en el que, al borde de la pampa, se crió entre gauchos. En Buenos Aires, como periodista del diario *La Opinión*, y viviendo allí, asimiló todo lo bueno y malo que un porteño puede asimilar. En 1972 publicó su primer libro de cuentos *Noche de revolucionarios*. En 1975, su primera novela *Un revólver para Mack*. En 1977 emigró a Canadá donde escribió su tercer libro, *En ninguna parte,* publicado en Argentina y traducido al inglés y al francés. En 1988 aparece *De todo un poco de nada mucho* (Legasa, Buenos Aires). En 1992, se imprime *Nacer de nuevo* (Girol Books, Canadá). Fue finalista del Planeta Argentino con su novela *Silver,* publicada por Editorial Atlántida en 1994.

ISBN 0-919659-35-7

COLOFÓN

Este libro se terminó de imprimir en el mes de febrero de 1998.

En la fotocomposición se empleó Minion 10.5/12.5, usando una impresora Lexmark Optra R+ y el programa WP5.1 de Corel.